Dello stesso autore

nella collezione Oscar

A che cosa serve la coppia
L'Autostima
Il cibo e l'amore
Il coraggio di cambiare
(con Donata Francescato)
Desiderare il desiderio
Dietro la bellezza
Intimità
I nuovi comportamenti amorosi
La qualità dei sentimenti
I tempi del cuore
La vita a due
La vita è semplice
Uomini da amare
Volersi bene, volersi male

nella collezione Saggi

Amori infedeli

WILLY PASINI

GELOSIA

L'altra faccia dell'amore

OSCAR MONDADORI

I edizione Saggio ottobre 2003
I edizione Oscar bestseller novembre 2004

ISBN 978-88-04-53667-3

Questo volume è stato stampato
presso Mondadori Printing S.p.A.
Stabilimento NSM - Cles (TN)
Stampato in Italia. Printed in Italy

Ristampe:

3 4 5 6 7 8 9 10

2008 2009 2010 2011

www.willypasini.it

Indice

Ringraziamenti

Carla Vanni, direttrice di «Grazia», per aver permesso l'utilizzazione del materiale pubblicato nella rubrica *Dentro la coppia.*

Paolo Occhipinti, direttore di «Oggi», per aver permesso l'utilizzazione del materiale pubblicato nella rubrica *Malati d'amore.*

Rosanna Prezioso, direttrice di «Voglia di Mare», per aver permesso l'utilizzazione del materiale pubblicato nel suo giornale.

Diego Luparelli, per il test sulla gelosia.

Roberto Brenna e la Selpress, che hanno fornito materiale giornalistico sulla gelosia.

Laura Grandi, Nada Loffredi, Olga Manganelli e Guido Meda per aver nutrito il tema della gelosia con i loro commenti.

Un grazie speciale a Lisa Corva per gli importanti suggerimenti e la preziosa collaborazione.

Gelosia

Introduzione

Quanto è antica la gelosia? Se sfogliamo le pagine del libro della storia dell'umanità, constatiamo che la gelosia è sempre esistita, come se fosse nata insieme all'uomo. In origine era un sentimento più forte, più intenso di quello odierno, e vissuto in modo nettamente diverso dai maschi e dalle femmine, una «differenza» che è durata per secoli e secoli. Il maschio ha sempre considerato il corpo della donna come sua «proprietà», anche per tutelarsi dal rischio di dover allevare dei figli illegittimi. E la donna ha sempre sopportato la gelosia del maschio, perché ciò significava sicurezza e cibo per lei e la sua prole. Dunque, una gelosia «necessaria», per così dire, alla sopravvivenza. Nel corso del tempo, essa si è a poco a poco svincolata da questa funzione ed è diventata soltanto una componente dell'orgoglio maschile: orgoglio di possesso, orgoglio nel mostrare agli altri la propria «preda», un orgoglio presente non solo nelle caverne preistoriche, ma anche, oggi, nei salotti di New York.

La gelosia, insomma, è sempre stata un sentimento universale, la molla di tante storie celebri: dalla tragedia shakespeariana *Otello* ai film hollywoodiani, dalla letteratura all'opera lirica.

Una grande rivoluzione è stata sicuramente quella scatenata dal '68, un terremoto sociale che ha «cambiato» i sentimenti e ha in qualche modo «svalutato» sia la fedeltà sia la gelosia, etichettate come «vecchi» concetti borghesi. Da allora non «bisogna» essere gelosi, e chi lo è lo nasconde come se fosse una parte di sé di cui vergognarsi.

Ricordo il caso di una coppia francese che, in fuga dalla città, si era trasferita in campagna, dove aveva ristrutturato una fattoria e si era dedicata all'orticoltura biologica.[1] Anche in campo sentimentale avevano introdotto un cambiamento, decidendo di vivere secondo la «formula» di Simone de Beauvoir e Jean-Paul Sartre (una relazione «necessaria», quella coniugale, e altre «contingenti»). Era soprattutto lei a sentirsi liberata, grazie al femminismo, da un'oppressione millenaria; era lei a «lavorare» al suo benessere sessuale. E con molta soddisfazione. Lui, viceversa, sopportava stoicamente. Non voleva essere geloso, non poteva permetterselo. La gelosia era un sentimento borghese, dunque non doveva esistere. Finché un giorno imbracciò il fucile, costringendo la sua compagna a rifugiarsi su un albero. Arrivarono i vicini, la polizia, un'ambulanza. E lui finì in un reparto psichiatrico, a riflettere sull'esistenza della gelosia e a chiedersi se si tratta di un sentimento negativo o positivo.

Una riprova dell'origine psicologica e non socioculturale della gelosia è che essa era presente anche sotto Stalin, cioè all'interno di una struttura sociale che non si poteva certo definire borghese.

Un altro mito era l'assenza di gelosia nei popoli primitivi, una teoria esposta dall'antropologa Margaret Mead nei suoi primi saggi e smentita da successive analisi scientificamente fondate. Nelle popolazioni dove esiste la poligamia, la gelosia si sposta su altri privilegi (per esempio, i regali).

Pensiamo, poi, a come nasce la gelosia nella nostra vita. Spesso affonda le sue radici in antiche paure di abbandono provate da bambini, quando uno dei genitori è troppo assente, oppure fa la sua comparsa un fratellino. C'è inoltre la gelosia edipica nei confronti del genitore dello stesso sesso. E c'è la gelosia che sorge durante l'adolescenza, non di rado mescolata all'invidia. Questa «gelinvidia», per usare un termine molto efficace coniato dalla psicologa Valentina D'Urso nel suo libro *Otello e la mela*,[2] è basata su una mancanza di autostima.

Che fare allora con la gelosia? Innanzitutto, riconoscere che fa parte della natura umana. E quindi «educarla», invece di negarla: per esempio, trasformando la gelosia paranoica in gelosia afrodisiaca. Insomma, fare in modo che non sia più «il mostro dagli occhi verdi» descritto da William Shakespeare, ma parte del gioco di seduzione di alcune coppie.

Ricordo Pina, 35 anni, che si lamentava perché il marito Carlo non le faceva complimenti da almeno cinque anni. Lei, che era molto estroversa e considerava la seduzione il fondamento del suo essere donna, ha pensato a un contrattacco. Ha cominciato a rientrare dal lavoro allegra, canticchiando, e parlando di un nuovo collega francese, molto simpatico; poi ha iniziato a comprare delle baguette invece del solito pane, e infine ha chiesto al marito di organizzare un lungo weekend a Parigi. È bastato questo: Carlo ha manifestato i primi segni di gelosia. Ha detto a Pina che il suo nuovo taglio di capelli gli piaceva, ha ripreso a guardarla, e lei, dopo un po' di resistenza, a letto si è mostrata di nuovo «appetibile». E il matrimonio ha ripreso slancio...

Naturalmente ci vuole stile. Se Pina avesse confessato il suo flirt al marito, dicendogli che si sentiva trascurata, che quel nuovo collega le piaceva, che avrebbe desiderato un'avventura, Carlo si sarebbe sentito profondamente ferito nell'orgoglio. E il matrimonio, anziché ritrovare nuova energia e riaccendere il desiderio, sarebbe entrato in crisi.

Esistono, quindi, diverse forme di gelosia. Per illustrarle, ho scelto la musica lirica, perché sono un amante dell'opera e ritengo che sia interessante anche dal punto di vista psicologico: si tratta di storie «antiche», è vero, che però ci fanno ancora da specchio... Così, mi sono divertito a stilare un breve elenco dei vari tipi di gelosia rappresentati sul palcoscenico.

C'è la gelosia per un amore fisico in contrapposizione a un amore spirituale, fortemente sostenuta da «prepotenza» sociale dell'uomo: conte di Luna contro Manrico per Leonora (*Il trovatore* di Giuseppe Verdi).

C'è la gelosia per un amore non corrisposto: quella che prova Amneris, innamorata di Radamès, nei confronti di Aida (*Aida* di Giuseppe Verdi); o Santuzza, innamorata di Turiddu, nei confronti di Lola, la nuova amante (*Cavalleria rusticana* di Pietro Mascagni).

C'è la gelosia per l'illusione fallace di un amore inesistente: la Tosca sospettosa di Mario Cavaradossi (*Tosca* di Giacomo Puccini); la Lucia gelosa di Edgardo, lontano ma fedele, accusato dal fratello per salvarsi (*Lucia di Lammermoor* di Gaetano Donizetti); Rodolfo che dubita di Luisa, la quale, ingiustamente accusata dal fratello, pur di salvare il padre non protesta (*Luisa Miller* di Giuseppe Verdi).

E poi c'è la gelosia coniugale del marito per una moglie che nutre un nuovo affetto, ancorché non peccaminoso: è Renato, marito di Amelia, la quale ama platonicamente Riccardo, governatore di Boston (*Un ballo in maschera* di Giuseppe Verdi).

Un po' retrò è la gelosia provata da uomini anziani per una giovane che hanno salvato dalla miseria e che poi si innamora di un coetaneo: Canio che odia Silvio, amante della sua Nedda (*I pagliacci* di Ruggero Leoncavallo); Michele geloso di Giorgetta (*Il tabarro* di Giacomo Puccini).

E c'è la gelosia ingiustificata, malignamente indotta per interesse: l'esempio più celebre è Otello istigato da Jago (*Otello* di Giuseppe Verdi).

Senza trascurare la gelosia indotta da un comportamento femminile leggero e volubile: Don José verso Escamillo, a causa di Carmen (*Carmen* di Georges Bizet).

E, infine, c'è la gelosia che comporta violenza da parte dell'altra donna: la principessa di Bouillon per Adriana Lecouvreur, a causa di Maurizio, conte di Sassonia (*Adriana Lecouvreur* di Francesco Cilea).

E quante sono le persone gelose? È difficile «quantificare», dato che molti italiani considerano la gelosia un sentimento negativo, un po' imbarazzante da confessare, e quindi la negano. Un sondaggio Abacus[3] rileva che il 25 per cento degli italiani è «molto geloso» e il 45 per cento «un po' geloso». Un altro condotto da Renato Mannheimer[4] presenta cifre analoghe: il 35 per cento degli intervistati è «molto geloso» e il 38 per cento «abbastanza geloso». In pole position i maschi, soprattutto fino ai 45 anni.

Molti somatizzano la gelosia, sicché al suo posto «nominano» bruciori di stomaco, emicranie, coliti. E altrettanto numerosi sono quelli che la negano (o la minimizzano) e si ammalano: secondo un'indagine di «Riza Psicosomatica»,[5] succede addirittura a 8 italiani su 10. È come se il corpo parlasse, e dicesse quello che non osiamo dichiarare...

A parte l'Italia, quanto «colpisce» la gelosia nel resto del mondo? Secondo un saggio di Laurence Jyl, *Les jalouses et les jaloux*,[6] il 28 per cento dei francesi è «malato» di gelosia, mentre gli altri sono «portatori sani». Dunque, possiamo concludere che la gelosia riguarda tutti.

Dobbiamo però imparare a non avere paura di questa «malattia», a non vergognarcene, a non esserne imbarazzati. Questo è il primo passo. Il secondo consiste nel cercare di «educare» tale sentimento invece di negarlo, giocando sulle allusioni e le illusioni, sul potere straordinario (e dimenticato) del flirt, sulla leggerezza. Per rendere la gelosia positiva, anzi addirittura afrodisiaca. È questa la scommessa del libro.

I
L'alba della gelosia

Dove nasce la gelosia? Da un tradimento svelato, uno sguardo intercettato, un sospetto? Assolutamente no. La gelosia nasce nel bambino, come altre emozioni e sentimenti, ed è legata a due fasi dello sviluppo psicosessuale: la prima infanzia e il complesso di Edipo, verso i 4-6 anni. Vediamoli, un po' da vicino.

La prima infanzia: la ferita dei non amati

Soli. Al buio. Senza un abbraccio, senza la sicurezza delle carezze e di una voce dolce. Nella prima infanzia, ciò che ogni bambino teme di più è la solitudine. E, probabilmente, la paura di essere abbandonati è il fantasma più comune negli adulti gelosi, come sottolinea lo psicoanalista Aldo Carotenuto: «La paura che nessuno ci possa proteggere e il sospetto di essere abbandonati e rifiutati sono gli incubi dell'infanzia, ma anche i fantasmi della maturità».[1]

Già, perché se i giochi d'amore sono innumerevoli, forse ancora più numerosi sono quelli del non amore. Lo spiega la giornalista Rosella Simone in un articolo che mi ha molto colpito:[2] «Soprattutto, una donna non si rassegna a vivere senza amore e lo cerca incessantemente, anche nel modo sbagliato. Pronta mille volte a ingannarsi, a farsi male, a subire abusi e soprusi, sino alla disperazione. Basti pensare a Lady D., bella, famosa, ricca, e per giunta giovane e quasi regina, che arriva a ogni degradazione: telefonate anonime notturne alla regina madre, considerata responsabile del fallimento del matrimonio con Carlo, un fidanzamento per vendetta con il primo che passa, la minaccia di suicidarsi, pur di non lasciarlo andare». Com'è possibile? Forse perché, ci ricorda la Simone, «l'amore è un grande demone», come diceva Diotima a Socrate, un demone potente, che ha travolto la vita di molte donne, perse in un rapporto senza speranza, convinte che fosse «comunque amore».

La Simone cita poi *La ferita dei non amati*,[3] un libro amaro ma importante, in cui l'autore, Peter Schellenbaum, sostiene che ripetute relazioni sbagliate sono la conseguenza di una ferita originaria, di un bisogno del bambino rimasto inappagato, e costituiscono una sorta di coazione a ripetere. «I bambini non amati crescono convinti di avere una colpa che condanna all'espulsione permanente dal paradiso dell'affettività» continua la giornalista. «Sono confusi da un sentimento dichiarato, ma impastato di violenza, da quella frase fatale che il genitore ha pronunciato: "Ti punisco perché ti amo". Così ci si ritrova, da adulti, a negare la possibilità dell'amore tout court. O a viverne l'errore per concludere, amaramente: "Non mi ama nessuno", oppure: "Anche stavolta è andata male". Come se il destino continuasse a consegnarci alle stesse ferite, alla stessa desolazione, alla stessa violenza subìta nell'infanzia. Eppure, qualcosa si può fare per padroneggiare la confusione affettiva.»

La Simone riporta le parole della femminista afroamericana bell hooks (il nome è scritto proprio così, in lettere minuscole, per sua scelta), la quale nel libro *Tutto sull'amore*,[4] dopo aver affermato che «sarebbe più facile imparare ad amare se partissimo tutti da una definizione condivisa», ci offre quella data dallo psichiatra Scott Peck: «[L'amore è la] volontà di estendere il sé, al fine di favorire la crescita spirituale propria o di un'altra persona». Quindi, conclude la Simone: «Sarebbe meglio dimenticarci dell'amore istintivo, romantico, dell'amore-possesso, dell'amore-fusione e imparare che amore è "un'intenzione e un'azione"; è cura, affetto, riconoscimento, rispetto, impegno, fiducia e, soprattutto, comunicazione onesta e aperta. Ma c'è anche quella voglia di perdersi, che a volte ci prende. E a cui non possiamo che obbedire».

Rita è stata una bambina non amata. Adesso ha 30 anni, e vive con l'angoscia che il suo uomo la lasci. Ha studiato, si è laureata, però poi ha scelto un «amore asimmetrico»: si è legata a un camionista, di cui, appunto, è molto gelosa. Durante il colloquio emerge chiaramente che non ci sono motivi reali per questa gelosia: né tradimenti, né sospetti... Perciò decido d'investigare nel suo passato. Rita mi racconta che, fin da quando aveva pochi mesi, i genitori la portavano in un asilo nido, perché lavoravano entrambi. Si ricorda che, tornando a casa, cercava di «provocare» la madre facendo i capricci, per indurla a reagire, per attirare la sua attenzione, benché in cambio non ricevesse carezze ma ceffoni. In seguito, Rita si è «aggrappata» ancora di più ai genitori. Poi, lo strappo: quando lei aveva dieci anni, suo padre ebbe una relazione extraconiugale e per tre anni visse lontano da casa. Un tremendo shock per Rita. La bambina cresce, diventa adolescente, s'innamora: ma, vittima del meccanismo della ripetizione, si «aggrappa» al primo ragazzo che incontra, il quale però stava contemporaneamente con un'altra. Non deve stupire, quindi, che adesso Rita si senta affettivamente in bilico, e che, proprio per timore di perdere l'oggetto d'amore, reagisca attaccandovisi sempre di più, in un abbraccio che nasce dalla paura. Eppure la «sindrome da aggrappamento», così come descritta dallo psicoanalista ungherese Imre Hermann, è diversa dalla vera intimità, che comporta invece una «distanza intima» e salvaguarda l'autonomia individuale.

Anche Lucia, 25 anni, è una vittima della sindrome da aggrappamento. Mi scrive una lettera raccontando che, dall'età di quattordici anni, ha sempre provato una forte attrazione, seppure non erotica, per alcune donne. Prima per una ragazza che era capo delle guide scout, poi per l'insegnante d'inglese e ora per una collega. Non si tratta di omosessualità, spiego a Lucia, ma del disperato bisogno di legarsi a donne più mature, la cui vicinanza le dà una carica vitale.

Rita e Lucia sono rimaste fissate a quella sindrome da aggrappamento da cui ogni bambino (ma potremmo dire ogni cucciolo) è affetto nei primi anni di vita, allorché la sua esistenza e il suo benessere psicologico dipendono dall'adulto, in genere dalla madre.

Nella prima infanzia la sindrome da aggrappamento viene superata percorrendo la strada dell'autonomia «dosata», basata sulla sicurezza di poter tornare ogni volta al nido materno. Una fase importante si realizza quando il bambino comincia a camminare e si allontana pian piano dalla mamma, ma sempre pronto ad attaccarsi alle sue gambe.

Quando il distacco non avviene o avviene bruscamente, provocando danni nella capacità d'amare, sarà opportuna, da adulti, una psicoterapia. Perché in questo spazio «protetto» si può vivere ed elaborare la relazione con il terapeuta diversamente, con autonomia ma anche con compartecipazione. Il nuovo legame affettivo rappresenterà quindi un modo di entrare in relazione con l'Altro, diverso dal puro e semplice «aggrappamento». E in terapia s'impara anche a staccarsi dall'Altro, e a vivere il distacco come possibilità di crescita e non come pericolo di morte.

La ventottenne Giulia soffre da quattro anni di crisi bulimiche: la sua fonte principale di piacere consiste nel mangiare e, poi, nel forzarsi a vomitare. Improvvisamente, durante il percorso terapeutico, viene lasciata dal fidanzato, e la sua vita compie un'autentica svolta. Inizia a concedersi una serie di avventure (forse per non pensare, dice lei) e «dimentica» di abbuffarsi. La bulimia ora è diventata «sessuale», sicché non ha più bisogno di provare piacere tramite il cibo. La sua bulimia affonda le radici in una difficoltà a vivere le separazioni, nonostante Giulia sembri, apparentemente, una persona indipendente, che se l'è cavata e se la sa cavare bene nella vita. La sua infanzia è stata costellata da ripetuti abbandoni, che peraltro lei ha sempre cercato di capire e razionalizzare. In terapia, anzi, ne parla in modo anaffettivo, come se stesse raccontando un film o una vicenda capitata ad altri. Ma perché adesso soffre tanto per questo ragazzo che l'ha abbandonata? Perché, quando parla di lui e della sua nuova fidanzata, lascia trasparire un'inedita gelosia? E dire che il loro rapporto pareva così «tiepido»... Ora, però, Giulia ha smesso di sentirsi «la brava ragazza di sempre», sembra non avere più limiti ed esprime «liberamente» la propria sessualità. Decidiamo insieme di affrontare il distacco in amore, consapevoli entrambi che le difficoltà che prova sono legate ad abbandoni molto più antichi. Le propongo di mettere in atto il processo che io definisco «defusione», piuttosto che continuare nella pratica del «chiodo scaccia chiodo».

Nella defusione, il primo passo consiste nel «riconoscere» e riprendersi le parti di sé che erano state investite nell'oggetto d'amore: disinvestire per reinvestire in altri campi, dunque. In effetti, i due non condividevano granché e la «costruzione» del rapporto era quasi completamente opera di Giulia. Ora lei prova una forte rabbia e le sembra di aver subìto un'ingiustizia, ma ben presto potrà prendere coscienza che ogni cosa può essere perduta, persino l'amore. In questa fase è certamente utile responsabilizzarsi e farsi carico della situazione per evitare il senso d'impotenza, mentre è deleterio attuare «pseudoriparazioni», come ha fatto Giulia finora, stordendosi con altri uomini o con psicofarmaci, ed evadere con il pensiero. Le cose vanno chiamate con il loro nome, benché sia una strada più dolorosa.

Le suggerisco di provare a utilizzare l'umorismo, che attenua il catastrofismo e conferisce alle cose la giusta dimensione. Permette di attribuire un nuovo significato a una nuova situazione, diversa da quella precedente, che rappresentava il «tutto», e da quella attuale, che appare come il «niente». Giulia, tuttavia, scopre di essere incapace di vedere il lato comico, surreale della vita; fa molta fatica a ridimensionare ciò che le è accaduto.

In questi casi è fondamentale imparare che la sorte non dipende da noi, come non dipende da noi il vento: l'unica cosa che possiamo – e dobbiamo – fare è tenere ben alta la vela della nostra barca, in modo che, quando il vento inizia a soffiare, essa proceda il più velocemente possibile.

Vi sono però individui che non vogliono saperne di spiegare la vela che li fa salpare dal porto di casa. Sono gli esponenti di quella che chiamo «generazione canguro», i nuovi giovani: più maturi dal punto di vista sessuale ma, da quello affettivo, simili a Peter Pan. Non vogliono crescere, se ne restano al caldo nel «marsupio» materno perché non hanno lavoro, ma anche per immaturità, opportunismo o paura della solitudine. Se è vero che molte madri-chiocce non vorrebbero rinunciare mai ai loro figli troppo cresciuti, è altrettanto vero che sta aumentando il numero dei genitori che ne hanno abbastanza di questi eterni adolescenti che non vogliono andarsene. Come ha raccontato un film surreale e molto divertente, *Tanguy*,[5] dove una coppia della Parigi bene fa di tutto (ricorrendo addirittura all'avvocato) per sfrattare il figlio, eterno «studente» esperto di Cina e Oriente che passa da un master all'altro, rinviando continuamente l'ingresso nel mondo del lavoro. Eppure è intelligente, ha un sacco di ragazze, solo che non se ne vuole andare di casa, nemmeno quando i genitori esasperati gli trovano un monolocale…

Emblematica è la storia di Enzo.[6] Ha 36 anni e, grazie alla mamma, ha sempre il letto rifatto, le camicie stirate, le cene pronte; il tutto, gratis. Fa le ore piccole, la mattina si alza tardi, apre il frigo e mangia quello che trova, a volte ritorna a letto. Per di più è un insoddisfatto cronico e disturba l'atmosfera famigliare. La madre ha tentato di pagargli l'affitto di un monolocale in città, ma lui si ripresentava ogni giorno a pranzo e a cena, e continuava a farsi lavare i vestiti. Si è trovato dei lavoretti ma, appena rimane senza soldi, li chiede alla madre (e li riceve). Ha avuto delle ragazze, perché è carino e simpatico, eppure dopo qualche settimana viene puntualmente lasciato e lui se ne torna nel comodo nido famigliare. Recentemente il fatto che il fratello minore se ne sia andato di casa ha fatto riflettere Enzo, che però non ha ancora superato la tendenza a rientrare nel «marsupio».

Anche Vincenzo, 40 anni, è alla ricerca di un nuovo marsupio, dopo essersi allontanato da casa una prima volta. Ha una moglie, Agnese, coetanea, che l'ha sposato ad appena vent'anni contro il parere dei genitori (il padre desiderava un genero più ricco, la madre uno più maturo). All'inizio della loro storia, Vincenzo militava in un'organizzazione di estrema sinistra e l'impegno politico assorbiva quasi tutto il suo tempo libero, fino a diventare una passione più importante di Agnese. Poiché il loro primo figlio è nato mentre Vincenzo prestava servizio militare, nei primi mesi di vita del bambino Agnese ha dovuto affrontare da sola tutte le difficoltà pratiche facilmente immaginabili. Anche in seguito, però, lui era spesso assente per lavoro oltre che per l'impegno politico, per cui Agnese si è trovata a casa da sola con due bambini (nel frattempo era nato il secondo figlio). Eppure continuava ad amare il marito, al punto che quando lui, dopo tre mesi di disoccupazione, ha chiesto il divorzio (era segretamente innamorato della migliore amica della moglie), è rimasta sconvolta. Alcuni mesi più tardi, però, Vincenzo ha fatto marcia indietro, e non perché amasse ancora Agnese ma perché era caduto in depressione a causa della crisi del Partito comunista, che proprio in quel periodo si stava dissolvendo. La moglie, stanca di aspettare, ha iniziato una relazione con un vedovo, un uomo più anziano di lei. Adesso si vedono con regolarità e hanno un rapporto di complicità, nel quale si è infiltrato anche l'erotismo. Lei peraltro è perplessa, dal momento che, di fronte al rischio di essere abbandonato, il marito vuole tornare. Le ha fatto addirittura delle scenate di gelosia, lui che ha sempre sostenuto di non essere possessivo. Vincenzo mi chiede invano una consulenza di coppia insieme alla moglie, nel tentativo di reinserirsi nel gioco. Lei lo idealizza ancora, perché è stato il primo amore, e ora ha paura di fare del male sia al marito sia al nuovo compagno, mentre probabilmente Vincenzo teme di perdere la moglie, dopo aver perso la sua illusione politica e la possibilità di far carriera nel partito.

In questa situazione delicata ho accettato di «accompagnare» prudentemente Agnese verso la sua nuova relazione, dato che la vecchia mi sembra ormai spenta, senza futuro. Tale svolta è stata favorita dai figli che, ora adolescenti, hanno preso posizione chiaramente in favore del nuovo compagno della madre, con il quale hanno stabilito un contatto più «caldo» che con il padre, considerato poco presente e, soprattutto, più assorbito dalle questioni politiche che dalla famiglia. Probabilmente sarà questo loro atteggiamento a sciogliere gli ultimi dubbi di Agnese. Si è soliti dire che la coppia deve risolvere i propri problemi senza coinvolgere troppo i figli. In alcuni casi, però, il loro benessere diventa un criterio di scelta di cui tener conto, al di là delle passioni erotiche o dei sensi di colpa.

La sindrome da aggrappamento, il timore di lasciare il «marsupio»... Sono tante le facce della paura di rimanere soli, e spesso diventano gelosia. Ma, come abbiamo visto, la gelosia è legittima nel bambino. Invece di negarla, distruggendo qualcosa che è radicato fin dall'inizio nel più profondo di noi, occorre imparare che l'oggetto d'amore può essere condiviso. Il nostro desiderio è senza frontiere: gli si devono imporre degli argini, non per incarcerarlo ma per farlo scorrere come un fiume verso il mare, altrimenti la gelosia diventa espressione d'odio più che d'amore. Come dice la psicoanalista Denise Lachaud: «Sono convinta che la gelosia ci possa rendere pazzi d'amore. A condizione di amare davvero».[7] Perché la gelosia può cementare, amplificare, accentuare l'amore. A patto che sia vero amore.

Il complesso di Edipo: l'ombra del padre

Uno dei misteri mai chiariti della gelosia è il motivo per cui alcuni individui esprimano la loro ostilità nei confronti del partner, mentre altri dirigano pensieri o azioni aggressive verso l'intruso. Secondo Freud, la rabbia rivolta contro il «traditore» sarebbe segno di minore maturità rispetto alla rabbia rivolta contro il rivale, dato che è il bambino ancora coinvolto nel complesso di Edipo che, temendo il padre, si scaglia contro la madre. Se, invece, ha meno timore del padre, rivolge la propria rabbia contro il maschio rivale.[8] Quindi, per capire la gelosia degli adulti, si dovrà risalire ai primi anni di vita.

Nell'evoluzione dell'individuo esiste una fase, fra i 4 e i 6 anni, nella quale il bambino s'identifica con il genitore (o un suo sostituto) dello stesso sesso, ma al tempo stesso prova gelosia, perché è l'altro genitore che vorrebbe avere per sé. Perciò una bambina s'identifica con la madre, ma ne è gelosa, perché è il padre che vorrebbe avere... Sono sentimenti che talvolta, magari venati di romanticismo, si rinforzano nell'adolescenza.

È il caso di Sabina, 24 anni, una bella ragazza che ha vissuto un'adolescenza difficile, in conflitto com'era tra due diverse culture: una madre italiana e un padre tunisino, molto tradizionalista, che non nascondeva le proprie, numerose, avventure sessuali, ma che da lei pretendeva l'assoluta castità. Sabina ha conosciuto gli eccessi dell'alcol (si ubriacava di birra), ha avuto il primo rapporto sessuale a quindici anni, un marito a diciotto, un figlio a diciannove, un divorzio a ventuno: in lei sono prevalse le fasi di aggressività e di nuove esperienze a tutti i costi, benché in parte distruttive. L'avevo seguita durante l'adolescenza per tentare di canalizzare e rendere meno violente quelle sue pulsioni. Avevo trovato un prezioso alleato nella sua intelligenza. Nel frattempo Sabina, dopo un periodo di apprendistato in una libreria, aveva iniziato a lavorare e, grazie alla professione, aveva messo un «coperchio» sulla propria instabilità affettiva, in continua ebollizione. Sembrava quindi più moderata.

Adesso, però, mi ha chiesto un ennesimo intervento d'urgenza. Cambiando casa, ha conosciuto Renzo. Vive nello stesso condominio, l'ha aiutata nel trasloco e anche ad arredare l'appartamento. Si davano del lei e, pur manifestando il piacere evidente di stare insieme e l'attrazione reciproca, evitavano di fare l'amore. Quando, dopo sei mesi, è successo, è stato molto gratificante, anche perché Sabina ha raggiunto davvero l'orgasmo, anziché fingere come faceva prima. Purtroppo, questo momento erotico ha riattivato in lei la «voracità affettiva»: era possessiva, non sopportava che lui si allontanasse per lavoro. Durante una cena, Sabina ha cominciato a lamentarsi delle sue assenze e la discussione è degenerata. Lei si è innervosita, ha rotto un vetro della finestra e da allora lui non si fa più sentire. Parlando con Sabina scopro che Renzo, dopo una lunga fase di esitazione, aveva cominciato ad aprirsi, dicendole che con lei aveva raggiunto una pienezza emotiva. Ed è stato a questo punto che lei ha «sabotato» il rapporto, come se si trattasse di una gioia, di un piacere insopportabile. In realtà, con quest'uomo Sabina ha rivissuto sensazioni antiche. Non tollerava di essere abbandonata perché non riusciva a «sentire» la presenza del compagno se non le era fisicamente accanto. Doveva vederlo e toccarlo, altrimenti era come se non esistesse. Ora Sabina oscilla tra una reazione di vergogna per il suo scatto violento e un moto d'orgoglio che le impedisce di chiamare Renzo. È come se si fosse dovuta confrontare di nuovo con bisogni affettivi torridi, che non è in grado di governare. Si deprime, non lavora, passa le giornate davanti alla Tv. La dipendenza affettiva da Renzo è acuita dal fatto che lui abita nello stesso palazzo, e ogni giorno lei controlla se è in casa oppure no. Insomma, mette in atto tutti i meccanismi della persona innamorata e gelosa, senza potersi staccare e ristabilire un minimo di autonomia affettiva.

Qualunque sarà l'esito di questa crisi sentimentale, è evidente che Sabina esprime la stessa esagerata fame d'affetto che l'aveva portata agli eccessi del passato. Credo che sarà necessario un ulteriore periodo di psicoterapia per colmare il vuoto che ha dentro di sé, creato dal comportamento paterno. Perché, in realtà, Sabina non era gelosa della madre, ma di tutte le altre donne del padre, di cui, benché bambina, aveva capito benissimo l'esistenza.

Meccanismo interessante, poi, è lo «sfruttamento» – da parte del partner – della gelosia. Donne innamorate di mascalzoni che non riescono a lasciare, perché questi fanno leva sulla loro possessività, un sentimento che le incatena e rinforza il legame. E dire che lo sfruttamento della gelosia è sempre stato molto femminile. In Francia, fino alla Belle Époque, *les grandes horizontales*, come ricorda Virginia Rounding in un intrigante saggio,[9] dette anche *demi-mondaines*, erano autentiche bellezze che usavano il proprio fascino per entrare nel cuore e nel portafoglio di uomini facoltosi: l'autrice racconta la storia delle quattro più leggendarie nella Parigi di fine Ottocento. Compresa la mitica Marie Duplessis, cortigiana «senza cuore» a cui s'ispirò Alexandre Dumas figlio, uno dei suoi amanti, per scrivere *La signora delle camelie* (rendendola peraltro molto più sentimentale di quanto fosse nella realtà).

E oggi? Ci sono ancora *les grandes horizontales*? Diciamo che sono sempre di più gli uomini che usano la propria bellezza per fare conquiste. Anche a rischio di mettersi nei guai con la legge. Ricordo il caso estremo di un trentenne che, tempo fa, finì in carcere perché le sue tre ex si erano alleate e l'avevano denunciato. All'inizio di ogni storia lui era gentile, amorevole; poi, quando aveva «agganciato» la ragazza di turno, ne entrava subito in campo un'altra. Allora cominciavano le scenate di gelosia, i litigi, e l'uomo diventava violento. Diceva: «Credi che l'emancipazione ti dia davvero il diritto di dirmi quello che devo fare?», e le picchiava. L'ultima, che lui in un accesso d'ira aveva buttato dalle scale, fu ricoverata in ospedale: solo lì, ingessata in un letto, capì che doveva assolutamente lasciarlo, pur amandolo ancora.

Chi s'innamora di uomini tanto pericolosi e difficili? Donne che in passato hanno sofferto di carenze affettive, e non si rendono conto della sproporzione tra le loro aspettative e il comportamento del partner.

È in fondo il disagio di Chiara, che mi scrive: «Ho 23 anni e una grande, immensa voglia di vivere. Esco da una lunga storia con un ragazzo che mi maltrattava sia fisicamente sia moralmente; "dopo", certo, diceva che era dispiaciuto... E allora io lo perdonavo. Il punto non era soltanto che gli volevo bene, ma che avevo paura di rimanere sola. Poi, all'ennesima scenata, mi sono fatta coraggio e l'ho lasciato. Finalmente libera! Ma un giorno lo vedo per strada con un'altra: erano teneramente abbracciati, si baciavano, tutti presi uno dall'altra, persi. Da allora non faccio che pensarci. Certo, razionalmente so che lui è solo un mascalzone. Però, perché cerco ancora il suo odore sulla mia giacca?». Chiara è in preda a una passione malefica. La sua gelosia è quella di chi si sente escluso dalla «coppia felice», che, adesso, è rappresentata dall'ex con la nuova fidanzata. Ma questo è un tipo di gelosia che risale all'infanzia, quando il bambino ha sempre paura che i genitori si chiudano in camera da letto e lo lascino solo. Un senso d'abbandono che viene cinicamente «usato» da mascalzoni che sfruttano i sentimenti altrui per sentirsi forti o, più prosaicamente, per spillare denaro.

Ma non è tutto. Spesso, dice Freud, la gelosia patologica si appoggia su un impulso omosessuale (sottile, non riconosciuto, non dichiarato). E quindi questi uomini, facendo leva sulla gelosia, fanno fantasticare sull'altra: lei, la rivale, l'altra donna. Un meccanismo inconscio che spesso si cela, rafforzandoli, dietro questi legami malefici.

In molti casi, invece, la gelosia dipende da sentimenti positivi verso l'altro, ma si tratta di affetti assai distanti dalla realtà, come nell'infanzia o nell'adolescenza, quando il legame con il genitore, poi spostato verso il primo amore, viene fortemente idealizzato.

Alcune persone, poi, ritengono di essere tanto più innamorate quanto più sentono il bisogno dell'altro, ma il bisogno sta al desiderio come la fame all'appetito... Non è piacevole, generalmente, mangiare per fame: perché ci si avventa sul cibo con un senso d'urgenza, voracemente, senza badare alla qualità, ai sapori. È l'appetito che ci permette di gustare, con la giusta lentezza, le pietanze. E questo vale anche in amore. Il bisogno nasce dall'ansia di soddisfare un legame affettivo e ci spinge verso persone che, a volte, risultano inadeguate. Il desiderio no. Il desiderio ha altri tempi, può essere procrastinato e intensificarsi, senza lasciarci in preda all'angoscia d'abbandono.

Talvolta, la dipendenza si manifesta passando da un partner all'altro, nella ricerca di qualcuno che possa rispondere a quella che, in realtà, è un'interminabile serie di richieste. Altre volte, la dipendenza si attenua legandosi a una persona, nonostante la mancanza di comprensione.

Anna ha 32 anni ed è separata da due. Adesso ha una relazione con un uomo sposato, ma è un rapporto molto tormentato perché lui le ha già detto che non lascerà mai la famiglia per lei. Anna è invece convinta che, nel momento in cui lei soffrirà troppo per questa storia, lui capirà e la sceglierà. Intanto vive male questa lunga, solitaria attesa; ed è gelosa della moglie di lui, perché può averlo ogni giorno, ogni notte, al suo fianco. Eppure sopporta, perché, dice, «il nostro è stato un incontro da favola». Pensa che, sacrificando ogni cosa per questo amore, alla fine verrà ricompensata. In realtà, la vita di Anna, da sola, è monotona e vuota. Ma lei è convinta che solo un Altro (ovvero: lui) può darle ciò che le manca. Vuole quindi «completarsi» con l'Altro, raggiungendo l'unità totale: questa, per lei, è l'unica soluzione esistenziale possibile. Un tipico caso di dipendenza affettiva, quindi, che affonda le sue radici nella situazione famigliare. Anna si è trovata spesso in contatto con forme di dipendenza: il padre è un etilista e la madre una depressa che non ha mai lasciato il marito, nonostante lui la picchiasse. Possiamo dire che Anna è entrata nella schiera dei «dipendenti affettivi», coloro che modificano la propria personalità in base alle circostanze, per acquisire «moneta» con cui comprare l'oblio tra le braccia di qualcuno (o di chiunque), reale o immaginario che sia. Anna, però, non è una vera masochista e ben presto inizia a vivere questo tipo di legame con grande sofferenza. Capisce che si sta sacrificando e conformando alle esigenze del partner, che invece è sempre più assorbito da se stesso e dalle proprie necessità. E adesso comincia a rendersi conto di aver rinunciato a vivere per compiacere l'amante; sta dando troppo, e tende a colpevolizzarlo con il suo risentimento, perché sente di non ricevere altrettanto.

Consiglio ad Anna di smettere di aspettarsi che il compagno pareggi i conti: è bene che inizi lei, invece, a tenerli in pari. Deve capire, poi, che un po' di narcisismo non è egoismo, ma un elemento indispensabile alla sua sopravvivenza affettiva. È fondamentale, infatti, accettare che i partner non si debbano fondere nella coppia, anzi è indispensabile che mantengano una parziale autonomia. Come dice il sociologo francese François de Singly, la coppia vincente è quella che esercita la libertà individuale «insieme».[10]

Alcune persone rimangono invece «incollate» al coniuge negativo, o magari alla famiglia d'origine. Come Pietro, 56 anni, sposato con Irene, 32. Dopo dieci anni di matrimonio lei ha chiesto il divorzio perché è gelosa della famiglia di lui, in cui in effetti regna un'atmosfera incestuosa. E quando fa l'amore con la moglie, Pietro raggiunge l'erezione solo tramite lo *spanking*, cioè se lei lo sculaccia, come faceva il padre. Questa esperienza infantile è diventata il suo fantasma erotico principale. Irene l'ha sempre saputo, e nei primi anni di matrimonio ha acconsentito a questa perversione. Era giovane e facilmente manipolabile. Appena ventiduenne, aveva scelto un matrimonio di convenienza con un uomo più grande e più ricco. Fra l'altro, figlia di genitori anziani, si è sentita spinta tra le braccia di un marito che avrebbe potuto prendersi cura di lei. Poi la ragazza inesperta, e forse un po' troppo accondiscendente, è cresciuta e ha scoperto che le pratiche sessuali del marito erano fortemente legate alla famiglia d'origine, che in fondo non aveva mai abbandonato. Attraverso questa preferenza erotica, Pietro segnalava dunque il proprio desiderio di essere bambino, ancorché sculacciato. Quando Irene, al di là dell'erotismo insolito, ha provato la ferita dell'esclusione, ha chiesto il divorzio: non si sentiva più una ragazzina spaventata, in cerca di protezione e sicurezza economica. E anche la sua autostima, accresciuta, le ha permesso di sganciarsi dal marito.

Abbiamo visto come la gelosia affondi le sue radici nel passato. Ma c'è un altro meccanismo interessante di cui occorre tener conto: l'effetto sorpresa, lo shock brutale e inaspettato con cui scopriamo un tradimento, facilita la comparsa delle emozioni inconsce. Nasce così il sentimento di esclusione, che si mescola con il desiderio di essere unici, «scelti», preferiti. È come se la gelosia scaturisse direttamente dal nostro inconscio, come un lapsus, un sogno, un atto mancato. Ed è questo che scatena la violenza che spesso l'accompagna. A volte è un atto delittuoso (ne parleremo nel capitolo VIII), a volte è una decisione brusca, come quella di Irene, che di colpo si è sentita «usata» da Pietro per far rivivere le sensazioni vissute in famiglia.

La gelosia non deve quindi essere negata ma educata, come ogni altro sentimento primitivo del bambino: l'invidia, la possessività, l'egoismo. E potenziando l'autostima di chi è geloso, in modo che riesca a immaginare di poter vivere senza l'altro: magari triste, melanconico, ma non annientato.

La gelosia dipende anche dal nostro bisogno di possedere tutto e subito, di avere immediatamente quello che ci piace. Il bambino lo fa con i genitori, con il cibo, con i giocattoli. I più «evoluti» usano poi un «oggetto transizionale», come la coperta di Linus... E crescono. Altri conservano invece dentro di sé questa gelosia primaria e spostano tale bisogno «urgente» sulla persona amata, facendola oggetto del proprio desiderio e quindi, qualunque cosa faccia, della propria gelosia.

II
Le origini biologiche e culturali della gelosia

La gelosia fa parte dell'essere umano, nel bene e nel male. L'abbiamo visto nel capitolo precedente, dove abbiamo indagato le radici psicologiche di questo sentimento. Ora vediamo le altre ipotesi che spiegano il carattere geloso e le sue manifestazioni acute.

Le ipotesi biologiche

TUTTA COLPA DELLA SEROTONINA?

Secondo Donatella Marazziti,[1] che ne ha analizzato le radici biologiche, la causa della gelosia è l'alterazione del sistema serotoninergico, con un minor numero dei trasportatori della serotonina. Ha somministrato a 400 studenti un questionario: dei 250 compilati, ben 24 (circa il 10 per cento) hanno rivelato una gelosia marcata. In questi 24 soggetti ha constatato una diminuzione delle proteine trasportatrici della serotonina. In un lavoro precedente si è rilevato, nella fase iniziale dell'innamoramento, un basso livello di serotonina, che però si normalizzava dopo due anni, mentre nella gelosia i valori rimangono bassi, tant'è vero che, un anno dopo, 21 dei 24 ragazzi avevano ancora i valori alterati. Allora l'équipe della dottoressa Marazziti ha sottoposto a test psichiatrici i 21 soggetti, che, per la maggior parte, presentavano sintomi «sottosoglia»: vale a dire, per esempio, non avevano il panico tipico del fobico, però non riuscivano a stare soli; non soffrivano di depressione, ma di scarsa autostima, e così via.

Possiamo quindi concludere che la personalità del geloso è molto fragile, ed è per questo che la gelosia è un sentimento negativo, sia per la vittima sia per il carnefice. Ed è, soprattutto, la punta dell'iceberg di un disagio più globale che meriterebbe di essere analizzato. E curato.

Ma è possibile, dice lo scrittore Nantas Salvalaggio,[2] ridurre la passione di Otello a un aminoacido, cosicché basterebbe una pillola per salvare Desdemona dai suoi raptus? Del resto, quand'anche si scoprisse che l'infatuazione amorosa e la gelosia possono essere controllate con un mezzo biochimico, una cosa è certa: Salvalaggio si opporrebbe a questa «normalizzazione». E racconta che Porfirio Rubirosa, il celebre seduttore degli anni Sessanta, gli confidò che appena una bella donna attraversava la sua vita, il cuore passava da 60 a 100 pulsazioni al minuto. «Il mio sangue si scalda» riassumeva poeticamente, e «latinamente», Porfirio. «Sono come un caminetto acceso nel mezzo dell'inverno altrui.»

Comunque, anche ammettendo un'origine biologica, resta il fatto che esistono diversi gradi di gelosia. E precisamente quattro, secondo lo psichiatra Vittorio Volterra,[3] in un crescendo che va dalla normalità al delirio. Il primo grado, o tipo, è la gelosia normale, dalla quale traspare quel minimo desiderio di tenere per sé le persone amate. Il secondo è una forma più seria di gelosia, che implica continue verifiche sulla vita del partner; in genere ne sono affetti i narcisi, che vogliono tutta l'attenzione concentrata su di sé. Il terzo è la gelosia ossessiva, indotta dalla proiezione della nostra infedeltà (o della nostra insicurezza) sull'altro; il geloso ossessivo controlla l'amato con pedinamenti e lo inonda di telefonate e di e-mail. Il quarto è la gelosia delirante, che nasce dall'immaginazione; ogni spiegazione razionale, ogni discussione è inutile, perché il geloso delirante ascolta unicamente il suo delirio.

Mi è capitato di curare gelosie del secondo e terzo tipo con farmaci che modificano il livello di serotonina e, in effetti, i sintomi acuti sono scomparsi. Alcune di queste persone però, una volta abbassata la soglia di gelosia, si sentivano «non vive», anche se molto più tranquillizzate nei confronti del partner.

La serotonina può servire, stranamente, sia al geloso sia alla vittima. Mi viene in mente il caso di Maria, 45 anni, che ogni sera a mezzanotte, quando il marito Giorgio, 48 anni, era fuori per lavoro, riceveva la sua telefonata: sul telefono fisso, ovviamente, e non sul cellulare, perché voleva essere sicuro che lei fosse a casa. Quando scoprì che le chiamate «della buonanotte» non erano un segno d'amore ma di controllo, Maria entrò in depressione. Il Prozac (un antidepressivo che aumenta il livello di serotonina) fu utile sia a lei sia al marito, che riuscì a calmare la sua ossessione.

Forse, dunque, la teoria della dottoressa Marazziti, che collega la gelosia a un basso livello di serotonina, è l'inizio di una nuova pista terapeutica. Però questa coppia, che abbiamo riportato chimicamente a un alto livello di serotonina, non è più innamorata: Maria ha perso l'illusione che il marito pensasse sempre a lei, mentre Giorgio, schiavo felice della sua ossessione amorosa, si è ritrovato a concentrare tutte le energie sul lavoro. Del resto, è molto difficile modificare la patologia con i farmaci senza intaccare la passione. In fondo non si è ancora trovato un farmaco che attivi la gelosia «afrodisiaca», così come non si è scoperto un afrodisiaco «biologico».

Mi è capitato di prescrivere i farmaci anche in altri casi di gelosia. Per esempio a Saverio, 35 anni, molto narciso, un piccolo imprenditore che si era arricchito, estremamente controllante con la fidanzata. Il problema nascosto? Saverio era gay, e la compagna era il suo «parafulmine sociale», la garanzia della propria eterosessualità. La teneva d'occhio in maniera ossessiva, forse anche per timore di non trovare più una donna che nascondesse così bene il suo segreto. Arrivò persino a litigare con un amico che le aveva fatto dei complimenti. Nel suo narcisismo rifiutava ogni psicoterapia, finché una terapia antidepressiva lo calmò, e calmò anche la sua gelosia controllante.

I farmaci non hanno avuto invece alcun effetto nel caso di Enrica, 57 anni. Cresciuta in collegio, dalle suore, e poi perfetta madre di famiglia, era soggetta a crisi di rabbia e di gelosia nei confronti del marito, che lei stessa trovava eccessive. Aveva lo stesso carattere del padre, che a casa si lasciava andare a sfuriate colleriche, e, come lui, era vittima di una grande fragilità interiore. Ma, nel caso di Enrica, c'è un punto di svolta, di scatenamento degli attacchi di rabbia: quando, qualche anno fa, fu operata per un tumore al seno, entrò in una crisi profonda. Si convinse che il marito non l'avrebbe più desiderata e l'avrebbe tradita, mentre lui, in realtà, si era solo lasciato assorbire molto dal lavoro e dai figli. Per fortuna la «fantasia proiettiva» di Enrica si ridusse quando si avvicinò al gruppo di «Attive come prima», un'associazione di donne operate al seno, che le ridiede la speranza e l'aiutò a guardare al futuro con ottimismo.

Contro la gelosia, quindi, i farmaci sono utili o no? Direi che non dobbiamo avere paura dei nuovi farmaci, bensì degli psichiatri che li usano impropriamente, in situazioni stressanti ma non patologiche, quando potrebbe essere sufficiente un buon consiglio.

O LA COLPA È DEGLI ESTROGENI?

Esiste anche una pista biochimica legata al tasso di estrogeni. David Geary e altri quattro psicologi della University of Missouri-Columbia[4] hanno studiato il livello ormonale di 282 studenti, invitandoli a compilare un questionario sulle relazioni sessuali e la gelosia. Hanno scoperto che le 62 ragazze che usavano la pillola anticoncezionale erano molto più gelose delle altre: quindi, secondo i ricercatori, è l'alto tasso di estrogeni (contenuti nella pillola) che condiziona il grado di gelosia femminile. È vero che i numerosi studi condotti sulla SPM (la sindrome premestruale, legata a un periodo del ciclo in cui è più alto il livello di estrogeni) dimostrano che, in quei giorni, circa il 10 per cento delle donne ha spesso attacchi di rabbia possessiva. A questo punto trovo allora bizzarro che, per curare la SPM, si prescriva la pillola anticoncezionale, che invece farebbe aumentare la gelosia...

Questi dati contraddittori ci portano a considerare con cautela una spiegazione solo biologica della gelosia, pur riconoscendo che essa ha radici nel nostro cervello più che nel nostro cuore.

Un'ulteriore negazione dell'origine biologica, o perlomeno genetica, della gelosia viene dell'osservazione degli scimpanzé, soprattutto i bonobo, i cui cromosomi sono per il 98 per cento uguali ai nostri. I maschi mostrano un alto grado d'indifferenza verso i rivali. Per esempio sono stati visti, durante la «toilette» personale, lanciare un'occhiata distratta mentre un altro maschio montava la femmina con la quale si erano appena accoppiati. Il sangue freddo esibito dallo scimpanzé adulto dà il colpo di grazia all'ipotesi di un meccanismo genetico universale della gelosia. Che sembra invece presente in tutte le società in cui i legami sessuali sono accompagnati da un investimento emozionale.[5]

Le ipotesi sociali e antropologiche: peggio tradire con il cuore o con il sesso?

Secondo gli psicologi evoluzionisti, la gelosia comparve per la prima volta circa un milione d'anni fa nelle pianure africane, dove la vita non era certo una passeggiata. Il maschio preistorico era geloso perché non voleva figli illegittimi: intendeva nutrire e difendere esclusivamente la sua prole. Era quindi molto sospettoso nei confronti di possibili intrusi, mentre la femmina temeva che il maschio, invaghendosi di altre donne, la lasciasse senza cibo. Questa teoria evoluzionista è stata confermata da ricercatori americani ed europei, primo fra tutti David Buss,[6] che analizzò le reazioni fisiologiche di uomini e donne mentre assistevano a un video con scene di tradimento sessuale e di tradimento affettivo. I maschi erano in genere tesi di fronte alle scene erotiche, le donne erano invece più colpite dalla visualizzazione del tradimento emotivo, di un legame profondo con un'altra persona.

Anche Robert Cramer, psicologo alla California State University di San Bernardino,[7] condusse una ricerca chiedendo: reagireste peggio se scopriste che il vostro partner vi ha tradito dal punto di vista sessuale o affettivo? Dalle risposte ricevute, è emersa la stessa asimmetria riscontrata da Buss: gli uomini sono più sensibili al tradimento sessuale, le donne al tradimento emotivo. Alla stessa conclusione hanno portato le ricerche effettuate da Robert Pietrzak[8] su un campione di 47 studenti di cui sono state analizzate le reazioni emotive e «fisiche» davanti a scene di infedeltà.

Interessante anche la ricerca della psicologa spagnola Patricia García Leiva,[9] che ha analizzato 408 maschi e 415 donne, di età compresa fra i 25 e i 50 anni. Risultato? È emerso che tanto gli uomini quanto le donne sono più feriti dal tradimento sessuale che da quello affettivo. Solo che le donne erano molto preoccupate del loro futuro e di quello della relazione, mentre gli uomini venivano colpiti nella loro autostima, mortificati dal confronto con il rivale.

Mi è capitato di proporre, durante una trasmissione televisiva, un test: preferisci che il tuo partner faccia l'amore con un'altra persona pensando a te (soluzione A), o che faccia l'amore con te pensando a un'altra persona (soluzione B)? Ovviamente, la soluzione più normale – faccio l'amore con te, pensando a te – non è stata proposta. Ebbene, la maggior parte delle donne ha scelto la soluzione A, la maggior parte degli uomini la B.

Ma torniamo alle ricerche sperimentali, e ai recentissimi risultati proposti dagli psicologi Christine Harris e Nicholas Christenfeld della University of California di San Diego,[10] i quali sostengono che si è arrivati a una certa uniformità nelle reazioni. Un cambiamento di rotta, insomma, della teoria evoluzionista. Quando si parla di gelosia, infatti, tanto gli uomini quanto le donne si preoccupano di entrambi i tradimenti, del cuore e del sesso. Non va dimenticato che si tratta di un sentimento molto potente, che può portare, dopo un tradimento, alla disintegrazione e alla separazione della coppia. E probabilmente, a quel punto, non possiamo che sottoscrivere la seguente affermazione di Oscar Wilde: «Gli uomini si sposano perché sono stanchi di avventure, le donne perché sono curiose. Entrambi ne escono disillusi».

Anche in Italia c'è chi ha scandagliato la forza di questo sentimento: è Valentina D'Urso, che alla gelosia (e al sentimento a essa «contiguo», l'invidia) ha dedicato il saggio *Otello e la mela*.[11] Secondo la psicologa, fino a quarant'anni fa persisteva una differenza tra il Nord e il Sud Italia, poi invece l'uso della pillola contraccettiva ha «liberato» uomini e donne, ha «allontanato» il timore che l'infedeltà potesse mettere in discussione la paternità. Oggi, nei giovani, la paura del tradimento sessuale si sta affievolendo, e le nuove generazioni hanno di fronte alla gelosia lo stesso atteggiamento, ma con motivazioni diverse. Gli uomini non si mettono in discussione: la gelosia scatta quando c'è un altro, un rivale magari simile a loro, che però riesce meglio nello sport o nel lavoro. Le donne, al contrario, temono quelle che sentono «diverse», dissimili, soprattutto se più giovani e più belle.[12]

Anche Christophe André e François Lelord[13] sostengono che i maschi sono gelosi soprattutto della sicurezza e della determinatezza dell'avversario, mentre le femmine guardano all'aspetto fisico, all'avvenenza delle rivali.

Eppure, ancora oggi la gelosia provoca reazioni in funzione della cultura sociale. Per esempio, David Geary e altri ricercatori della University of Missouri-Columbia[14] hanno intervistato 1024 studenti cinesi e statunitensi. Hanno riscontrato, ovviamente, una prevalenza di reazioni negative, nei maschi come nelle femmine, di fronte all'infedeltà sessuale. Però gli studenti americani si sono dichiarati molto più colpiti dei cinesi. E gli autori concludono che la reazione alla gelosia può essere influenzata dalla sessualità di una determinata cultura.

Ma la cultura può agire anche in senso opposto. Uno studio di Daly, Wilson e Whegorst,[15] per esempio, mette l'accento sulla «gelosia preventiva» dell'uomo in molte civiltà, che va dagli accertamenti della verginità fino alle barbare pratiche di mutilazione dei genitali femminili. Non va dimenticato che sono circa 60 milioni le donne che in Africa hanno subìto l'ablazione del clitoride o l'infibulazione (cioè la chiusura delle grandi labbra). Una tradizione violenta, contro cui sta lottando anche l'OMS, l'Organizzazione mondiale della sanità. Purtroppo, però, mi è capitato, persino a Ginevra, di sentirmi chiedere dai mariti di donne somale ed egiziane che avevano appena partorito che le loro mogli venissero di nuovo «chiuse».

Quanto conta, allora, il peso della tradizione? Nella cultura mediterranea, fino agli anni Settanta si pensava che l'infedeltà danneggiasse l'immagine pubblica (soprattutto dell'uomo tradito). Uomini siciliani e sardi, ma anche corsi, ciprioti, kabili d'Algeria, hanno dettato legge, «imponendo» i codici sociali dell'onore e della vergogna. La società tendeva a frammentarsi in piccoli gruppi, in cui la gelosia veniva istituzionalizzata ed era il prodotto di esigenze precise. Pensate al film *Malèna*,[16] dove la bella Monica Bellucci viene bersagliata da pettegolezzi e malignità, isolata e poi esclusa dalla vita sociale, perché le altre donne dovevano difendere l'onore del paese.

Come mai la società si è così arroccata sulla condanna dell'infedeltà femminile? Secondo J.K. Campbell,[17] l'onore maschile tende a essere competitivo e attivo: una volta compromesso, poteva essere ripristinato. L'onore e la vergogna femminili, invece, sono passivi e difensivi: una volta perduti, non si potevano più recuperare.

Per gli psicologi evoluzionisti, questo è un residuo del fatto che i nostri antenati meno gelosi hanno generato un numero inferiore di discendenti, e quindi i gelosi hanno avuto la possibilità di meglio riprodursi (e trasmettere i loro geni) fino ai nostri giorni. Una gelosia «mediterranea», insomma, al servizio dell'umanità e della riproduzione. Gli evoluzionisti sostengono infatti che era naturale che il maschio fosse geloso, perché si dovette «adattare» all'ambiente e alle compagne «traditrici», in quanto pare che l'infedeltà ottimizzi il potenziale di fertilità femminile. Ed è vero: ancora oggi una percentuale dal 3 al 6 per cento dei bambini risulterebbe illegittima se li sottoponessimo tutti all'esame del sangue o del Dna.

Questo antico impulso «di difesa» rimane inconscio e stimola la possessività. Così si spiega come, anche oggi che possiamo evitare di avere figli grazie alla contraccezione, la gelosia continui a tormentarci come faceva con i nostri antenati.

Anche adesso, che non esiste più l'omicidio con l'attenuante del «delitto d'onore», molti uomini hanno reazioni maschiliste per quanto riguarda sessualità e possessività. Però, se oggi domandiamo alle donne infedeli perché tradiscono il marito, la risposta è assolutamente «emozionale», centrata su di sé: per ritrovare fiducia[18] e per vivere, con un altro uomo, brividi erotici dimenticati o mai provati.[19] Il meccanismo evoluzionista – tradire per aumentare il potenziale riproduttivo – è stato coperto da altre motivazioni, più centrate sulle emozioni femminili.

III
Gelosia al femminile

Abbiamo visto, nel capitolo precedente, come per decenni i ricercatori abbiano dimostrato che la gelosia maschile è diversa da quella femminile. Secondo David Buss,[1] negli uomini si trattava sostanzialmente di una modalità per prevenire il tradimento, mentre nelle donne era una strategia necessaria per non rischiare di essere abbandonata e perdere le risorse materiali per lei e per gli eventuali figli.

Anche gli studi di Peter Salovey[2] concordano: nel corso dell'esperimento da lui ideato veniva proiettato un film che rappresentava un innamoramento extraconiugale, mentre nel secondo film un uomo aveva una relazione puramente erotica. Bene, il 62 per cento delle donne del campione ha rivelato una maggiore reazione ai test fisiologici durante il tradimento sentimentale, gli uomini durante quello puramente sessuale.

Come abbiamo visto, secondo i recentissimi studi di Christine Harris alla University of California di San Diego[3] uomini e donne reagiscono invece nella stessa maniera all'adulterio di cuore e a quello di pancia, in funzione dell'eguaglianza sociale, sempre più radicata. In attesa che questo dato sia confermato da altri studiosi (e sospetto per la verità che il fatto che la ricercatrice sia una donna un po' abbia condizionato la «lettura» dei risultati), si possono comunque notare differenze precise nel modo di essere gelosi. Vediamole.

Innanzitutto le donne cercano, in genere, di sminuire agli occhi del partner una potenziale rivale parlando dei suoi difetti fisici, magari di un «ritocco» di chirurgia estetica che l'uomo non ha notato («ma non vedi che si è rifatta il seno?»). L'uomo si sofferma invece su qualità sociali del rivale: sottolinea che non ha un buon lavoro o che non è bravo professionalmente.

Mi ha molto colpito un esempio citato dallo psichiatra francese Lelord,[4] ovvero la storia di Vittoria, in vacanza ai Caraibi con un nuovo fidanzato. Sulla spiaggia conoscono una ragazza bellissima, chiacchierano, fanno amicizia. Lei è visibilmente interessata al fidanzato di Vittoria. Cosa fa allora? Dice, a lui, che Vittoria ha un corpo splendido. In realtà, sotto le mentite spoglie del complimento alla rivale, cercava di attirare l'attenzione dell'uomo sulla propria superiorità in questo campo.

È vero che le donne, in genere, dimostrano più creatività nella gelosia. E nel «riprendersi» l'uomo conteso. Come Diana Vreeland, mitica direttrice di «Vogue», guru dell'eleganza femminile, che aveva sempre incassato le ripetute infedeltà del bel marito Reed. Tranne quando lui la lasciò per una canadese, e lei si presentò alla rivale dicendole: «Guardati, sei giovane e bella e hai tutta la vita davanti. Io invece sto diventando vecchia e ho solo il mio meraviglioso marito». Vinse lei, e Reed tornò a casa.

Le donne sono più creative anche quando arriva il momento della vendetta. Come dimenticare la russa che scoprì dei preservativi nella tasca dei jeans del marito, aprì delicatamente il primo e lo cosparse di peperoncino in polvere?

È interessante poi capire se le donne si sentono, oggi, più «autorizzate» a mostrarsi gelose. L'ha fatto di sicuro Jennifer Lopez, la cantante-attrice di origini portoricane cresciuta nel Bronx, nel suo chiacchieratissimo amore per Ben Affleck. J.Lo, grintosa e determinata, una *chica* dei sobborghi che ha raggiunto il successo e lo tiene ben stretto, non ha avuto certo problemi a mostrarsi gelosa del suo Ben. Secondo i pettegoli, avrebbe costretto Mtv a cambiare la regista di un video che i due dovevano girare insieme: non voleva che fosse una donna, anzi non voleva che ci fosse neppure una donna in tutto il set! Ed era gelosa anche degli uomini: o meglio, del migliore amico di lui, l'attore Matt Damon, che del resto pare l'abbia osteggiata in ogni modo. Ritrovatisi tutti insieme al Sundance Festival, una rassegna di cinema indipendente americano, J.Lo fece una scenata ad Affleck che voleva uscire a cena, da solo, con l'amico. Lui rinunciò. Non solo, ricoprì la capricciosa e passionale «latina» di decine di rose in segno di scusa. Per niente imbarazzata dalle proprie intemperanze, J.Lo aveva incluso nel contratto prematrimoniale (che ormai a Hollywood è la norma) una costosissima penale in caso di tradimento. E persino in caso di non ottemperanza ai «doveri coniugali».

Insomma, J.Lo come eroina delle donne gelose? Eppure, in genere le donne non amano mostrare in maniera plateale la propria possessività, e, in caso di sospetti o di un comprovato tradimento, reagiscono ancora in modo passivo. Con una piccola differenza, come puntualizzava Oscar Wilde: «Soprattutto le brutte sono pronte a essere gelose dei loro mariti. Le belle non ne hanno il tempo. Sono sempre troppo impegnate a essere gelose dei mariti altrui».

Strategie passive: il «no» dello struzzo

L'apice della passività, in caso di tradimento? Addossarsi la colpa, o perlomeno la responsabilità, dei vagabondaggi affettivi o sessuali dell'uomo. Come le donne che si sentono «colpevoli» dei deficit erettivi del partner.

Sono donne che accettano che il compagno abbia un'altra storia (o altre storie), che non provi più desiderio per loro. Cieche d'amore, si dicono che se lui lo fa, è colpa loro. Per esempio Anna. Ha 20 anni e da due ha una relazione con un uomo «dagli occhi verdi». Che però, dopo le prime volte, non ha più fatto l'amore con lei. Anna sospetta che lui abbia delle storie; è gelosa, eppure sopporta, sperando che lui si riavvicini... A vent'anni, ha trovato «normale» accettare questa forzata castità, rimanendo accanto a un ragazzo che non la desidera più. Certo, le spiegazioni potrebbero essere molte. Lui potrebbe dubitare della propria eterosessualità e perciò rifiutare l'intimità con Anna; potrebbe essere ancora innamorato della sua ex, che l'aveva tempestosamente lasciato; potrebbe avere un'ansia di prestazione mai confessata. Trovo tuttavia più interessante la pista suggerita dall'atteggiamento di Anna: una ragazza molto carina, che adesso invece si sente brutta, non desiderabile. Ha paura di non piacergli, si è fissata sulle sue gambe, dice che sono grosse, e ha smesso di portare le gonne. La sua gelosia è tutta introiettata, ritorta contro di sé. È come se Anna si dicesse: «È normale che lui si guardi in giro, che abbia altre storie, io sono così poco attraente e interessante...». Un atteggiamento altamente pericoloso.

In certi casi, la donna tradita è molto reattiva, e la gelosia le suggerisce tattiche a volte bizzarre. Per esempio Alessandra, 40 anni, quando ha scoperto che il marito aveva una storia extraconiugale, ha voluto conoscere l'altra donna e le ha proposto di diventare amiche. Lui, l'uomo conteso, era assolutamente contrario e l'ha implorata «di non fare questa pazzia». Ma Alessandra ha proseguito sulla sua strada, come un panzer: ha preso il telefono, ha fissato un appuntamento... Non so perché abbia agito così. Forse voleva conoscere la rivale e i suoi atout (anche questo è un tormentone tipico: «Cos'ha lei più di me, cosa ti dà lei che io non ti do?»). Forse voleva confrontarsi, forse aveva una latente pulsione omosessuale... In ogni caso, dopo averla incontrata, le ha detto che le permetteva di fare l'amore con suo marito ancora due volte. Lui però, avvisato dalla moglie dell'accordo, non ha avuto un'erezione sufficiente con l'amante. Forse Alessandra, cedendo sul sesso ma mantenendo il potere di decidere, ha davvero ripreso il «comando delle operazioni», o perlomeno del marito. Con un'azione apparentemente passiva («sì, mi arrendo: puoi fare l'amore con lui»), ma in realtà profondamente direttiva.

Poi c'è il grande sottobosco dell'irrazionale. Maghe, cartomanti, astrologhe: per alcune donne, tutto va bene – dal futuro letto nelle carte all'elisir d'amore – per cercare di riprendersi il cuore dell'amato.

Sonia, 30 anni, è un esempio classico. Quando il marito le ha detto che aveva conosciuto un'altra donna, e che stava pensando di andarsene di casa, lei è quasi impazzita. Ha scoperto il segno zodiacale dell'amante e ha cominciato a consultare freneticamente tutti gli oroscopi disponibili: quelli dei giornali femminili, quelli su Internet, confrontandoli, commentandoli, cercando – nelle sfumature di un aggettivo – una speranza per il suo matrimonio... È riuscita a ottenere l'indirizzo e-mail dell'altra per mandarle tutte le previsioni secondo lei più significative: una specie di «persecuzione astrologica» via Internet. Finché un'amica l'ha portata dalla sua astrologa, che le ha confermato la fine del matrimonio, ma ha visto un amore luminoso nel suo futuro. E questo, vero o no, ha finalmente calmato Sonia.

Fra gli atteggiamenti passivi c'è la «semplificazione terribile», secondo la definizione degli psicologi relazionali. Ovvero, una particolare modalità d'intervento errato rispetto ai problemi, che consiste semplicemente nel negare il problema stesso. È quell'atteggiamento ben definito da metafore semplici ed efficaci del linguaggio comune: «fare lo struzzo», «nascondere la testa sotto la sabbia», oppure, sotto forma di un consiglio altrui, «non farci caso e vedrai che passerà».

Cosa scatta nella mente di chi ricorre alla «semplificazione terribile»? La premessa tipica implicita è questa: «Non esiste alcun problema» (semmai si parla di difficoltà). E chiunque ci veda un problema è «pazzo» o «cattivo». La funzione del diniego come meccanismo di difesa interno, però, impedisce alle pulsioni e ai bisogni inconsci di affiorare alla coscienza. E gli effetti sulle relazioni interpersonali conseguenti alla negazione di problemi innegabili possono diventare patologici.

Come nel caso di Enrica. Ha 50 anni; quand'era bambina è stata testimone di un abuso sessuale subìto dalla sorella minore, che aveva appena 5 anni. Ed è stata costretta a negare a se stessa ciò che aveva visto, perché i genitori non volevano scandali. Ogni volta che provava a parlarne, a cercare una spiegazione, le veniva risposto che non aveva visto proprio niente, che era solo una bambina bugiarda e cattiva. Tutto questo ha portato la sorella di Enrica a sviluppare una depressione, ed Enrica a rivivere l'esperienza della negazione all'interno delle proprie relazioni sentimentali. Per venti lunghi anni ha rifiutato di vedere i ripetuti tradimenti del marito, sviluppando una sintomatologia psicosomatica di colite ansiosa, alla ricerca ossessiva di una definizione di «normalità» rispetto ai propri atteggiamenti e a quelli altrui. Come spesso accade, la presenza del «segreto di Pulcinella» all'interno di famiglie considerate «normali» porta il componente che ha scoperto la falsità di tutto il sistema a «negare di negare». E questo produrrà ben presto i suoi effetti nella ricerca disperata di ciò che è «normale» e ciò che «non lo è». Solo nel momento in cui Enrica riuscirà a ritrovare la fiducia in se stessa e nella propria valutazione del mondo, potrà anche imparare a convivere con le ambiguità, senza entrare troppo in ansia. E a difendersi in modo adeguato, senza sentirsi per questo «sbagliata» o «cattiva».

Dovrebbe forse, invece del suo «diniego», imparare a usare dei meccanismi di difesa più evoluti, seguendo la teoria di Anna Freud: e quindi isolare i cattivi dai buoni sentimenti, o rimuovere i sentimenti ambigui, al punto che la parte negativa di sé non possa contaminare il resto della personalità.

Alcune donne gelose traducono nel corpo il loro malessere. Sappiamo, del resto, che i disagi psicosomatici sono più frequenti nella donna: mal di testa, di schiena, coliche intestinali sono spesso i sintomi di una tensione interiore che non può esprimersi in parole o in fatti.

Ricordo Flavia. Aveva 52 anni e un marito infedele. Lui,

fra l'altro, si era allontanato da lei per un problema di... denti. Adorava i denti bianchi e la moglie si rifiutava di curarli e di provare le nuove tecniche di «sbiancamento» del dentista. Un piccolo dettaglio che per lui era diventato il simbolo della sciatteria della moglie. Scoperto il tradimento, forse un'altra donna sarebbe andata dal dentista (oltre che dal parrucchiere e dall'estetista), per cercare di riconquistare il marito. Invece Flavia cominciò a soffrire di inspiegabili, lancinanti mal di schiena che facevano ritornare il marito a casa: non come amante, però, ma come infermiere. Dopo i primi allarmi, la crisi definitiva: lui, seccato del ruolo infermieristico, si decise a chiedere il divorzio. Flavia si è consolata con un pingue assegno di mantenimento, ma la sua passività la condanna alla solitudine, che è la cosa che lei più detesta.

Questo uso «psicosomatico» della malattia viene fatto anche quando la malattia è drammaticamente mortale.

Monica, 55 anni, era stata lasciata dal marito che, secondo copione, aveva una storia con la segretaria. In quel periodo lei scoprì di avere un nodulo al seno, ma non ne parlò con nessuno. Quando finalmente andò da un oncologo, erano passati sei mesi. E alla domanda allarmata del medico, sul perché avesse aspettato tanto, rispose che ormai la sua vita non aveva più senso. Poi, durante le cure, gli confidò che era contenta di avere un tumore, così suo marito sarebbe tornato a casa... E il marito è tornato, ma purtroppo solo per assistere Monica, che aveva deciso troppo tardi di combattere il suo male e stava morendo.

Molte donne gestiscono invece i sentimenti, e quindi anche la gelosia, con... la gola. Sappiamo che l'innamoramento spesso toglie l'appetito, e l'ho verificato fra l'altro in un'inchiesta che ho condotto quando ho scritto *Il cibo e l'amore*.[5] Ho riscontrato, infatti, che le «farfalle nello stomaco», tipico segno dei primi batticuori, tolgono la fame al 31,5 per cento delle donne (contro il 20,9 degli uomini). E l'amore tradito? La gelosia? Anche questo spesso toglie l'appetito: molte donne ferite da una delusione non toccano più cibo (oltre a non dormire). E si fanno trovare senza energia e senza bellezza proprio in un momento in cui avrebbero bisogno di tutte le loro forze.

Non sempre, però, le donne gelose soffrono di inappetenza. Anzi, sono molte quelle che reagiscono nel modo opposto, che cioè si buttano voracemente sul cibo. Sono, spesso, quelle che hanno un vuoto dentro: un vuoto che era stato colmato dall'amore. L'ha ben riassunto l'attore Mel Gibson: «Dopo più di vent'anni di matrimonio, sto finalmente cominciando a capire quello che le donne vogliono. E penso che sia un mix di conversazione e cioccolato».

Insomma, è come se, dopo un abbandono, la fame affettiva fosse in parte compensata da pizze e focacce, ma soprattutto cioccolatini. Perché è il cioccolato, in fondo, il grande surrogato dell'amore. L'ha confermato una giovane attrice americana, Alicia Silverstone: «La cosa che più amo al mondo è una scatola di meravigliosi cioccolatini europei, che, sicuramente, sono molto meglio del sesso». Del resto, praline e *dragées* danno una «calma eccitazione», visto che forniscono sostanze stimolanti e sedanti, e soprattutto la feniletilamina, un ormone che viene prodotto naturalmente quando siamo innamorati. Potremmo quasi ribattezzare il cioccolato il metadone dell'amore.

Strategie attive: la danza della rabbia

Molte donne reagiscono alla gelosia con la rabbia. Rabbia contro il traditore, contro la rivale, contro una situazione vissuta come ingiusta e intollerabile... Una rabbia che nasce e scoppia, spontanea. Ma che a volte, invece, bisogna imparare a tirar fuori.

È successo per esempio a Elena e Daniele, una coppia di quarantenni. Lui è un ingegnere; si è presentato all'appuntamento insieme alla moglie, ma in realtà non era disposto a iniziare una terapia della comunicazione di coppia. L'ha «depositata» nel mio studio e se n'è andato. Elena era molto depressa. Mi ha raccontato che il marito l'aveva tradita. E lei, che si sente fortemente dipendente da Daniele, soffre in modo lancinante, perché non può neppure immaginare di vivere senza di lui. Durante la psicoterapia ho mostrato a Elena che lei dipendeva dal marito come dalla famiglia d'origine, nella quale non si sentiva desiderata. La madre, infatti, era una donna attiva, ma molto assorbita dal lavoro. Lì è nata la sua abitudine a «dipendere» dalle figure significative della sua vita: prima la madre, poi l'amica del cuore, infine i fidanzati... A questo punto abbiamo elaborato, insieme, una strategia diversa, basata sull'autonomia dei suoi desideri. Ho aiutato Elena a sviluppare quello che il femminismo ha scoperto e ribadito, la possibilità di ricentrare la donna sul proprio desiderio e sulle proprie pulsioni. Invece il suo eros era molto legato al marito. Per esempio, raggiungeva l'orgasmo soltanto quando lui eiaculava (l'orgasmo simultaneo è un fattore positivo nella coppia, però non deve diventare un obbligo). Poi abbiamo lavorato sulla sua aggressività, separando la grinta dal sadismo, e quindi l'aggressività positiva da quella negativa. In passato Elena aveva provato molta rabbia nei confronti della madre, una rabbia che non è mai riuscita a esprimere. Abbiamo dunque cercato, in terapia, di far diventare questo sentimento il motore della sua autonomia come donna. Elena ha imparato così a tirare fuori ed esprimere la sua rabbia verso il marito, il suo risentimento e la sua gelosia, mentre prima riusciva solo a piangere. Daniele all'inizio ha reagito male, ma poi si è adattato. Quindi un conflitto coniugale è stato risolto positivamente mediante l'analisi del passato di lei. Come abbiamo visto, l'autonomia di Elena era necessaria sia per la sua maturazione personale sia per riprogettare il rapporto di coppia.

Romana, invece, mi ha scritto una lunga lettera per spiegarmi da dove nasce la rabbia che sta avvelenando il suo matrimonio: «Ho 42 anni, sono sposata da ventuno e ho tre figli, due femmine e un maschio. Mio marito è un brav'uomo, lavora in proprio; è partito dal niente e adesso guadagna bene. Io ero una casalinga, però mi sono sempre data molto da fare, anche perché mi piace cucire e lavorare a maglia. Quindi mi facevo gli abiti, e in più collaboravo con le riviste di maglia e cucito, creando i modelli che poi venivano pubblicati. A volte, dopo cena, stavo su anche fino all'una di notte, per essere in tempo con le consegne. Io e mio marito abbiamo cresciuto i nostri tre figli: lui, certo, portando a casa i soldi; io mi occupavo della casa, delle cene, li seguivo a scuola, come meglio ho potuto. Quando mio marito si è messo in proprio, ho imparato a fargli da segretaria. Il nostro problema? Mio marito e io abbiamo ritmi sessuali diversi; a volte, quando voleva fare l'amore con me, io mi negavo. Oppure facevamo l'amore, ma lui mi rimproverava, mi ripeteva che non gli dimostravo quanto mi piaceva fare sesso con lui. A un certo punto mi ha proposto di andare da un sessuologo per esporgli il problema, ma io non ho mai voluto. Gli rispondevo che il problema era solo suo, perché voleva farlo tutti i giorni e io non lo trovavo normale, mi sembrava quasi un'ossessione. Dopo vari litigi, quando mio figlio più piccolo aveva 3 anni, mio marito è andato con delle prostitute. Io l'ho saputo solo molto tempo dopo. È stata una terribile umiliazione, mai e poi mai avrei pensato che mio marito arrivasse a tanto. Gliel'ho detto, e lui mi ha chiesto scusa. Sembrava sincero...

«Volevo lasciarlo, ma con tre figli è difficile fare questo passo. Credevo di poter dimenticare, ma il rancore mi soffoca. A volte facciamo l'amore ed è bello; ma poi mi viene in mente, come un'ossessione, l'immagine di lui a letto con una sconosciuta. A volte ne parliamo; lui sostiene che sono stata io a spingerlo verso il sesso a pagamento. Perché non ho voluto affrontare il problema e risolverlo. La verità, credo, è che io il suo tradimento non l'ho mai perdonato». Nel caso di Romana la rabbia è diventata rancore: un dolore sordo, che sta avvelenando il suo matrimonio. Come le immagini «fantasticate» del tradimento che le ritornano in mente, e le fanno scattare un'amara gelosia persino nei momenti d'intimità. Ed è sulla rabbia che

Romana deve lavorare, se vuole salvare la sua coppia. Anche da sola: per esempio, leggendo un libro sull'argomento, come *La danza della rabbia*, della psicoterapeuta americana Harriet Lerner,[6] per imparare a trasformare la forza distruttrice del rancore in energia vitale.

Alcune donne hanno invece adottato quella che io chiamo «la strategia della strega». Sono persone aggressive, con una forte autostima, che non sopportano la ferita narcisistica di un tradimento. Quindi, a costo di subire conseguenze anche peggiori, passano alle rappresaglie, rendendo pan per focaccia. Si prendono un amante per vendetta e cercano di farlo sapere al marito fedifrago.

A volte le strategie delle streghe sono ancora più complicate. Ricordo Luisa, una quarantenne che aveva sposato un uomo molto noto e benestante. Credeva, con il matrimonio, di essersi sistemata. A due anni dalle nozze, lui perse la madre dopo una lunga malattia; un lutto che si trasformò in una depressione, in un'apatia di vita e di desiderio. Si fece consolare da una dipendente che aveva per lui molta ammirazione. Luisa ottenne delle scuse, ma non il licenziamento della rivale. Allora elaborò una strategia ben precisa: trovarsi un amante, proprio lei che aveva sempre condannato le storie clandestine e parallele. Fu una relazione che le diede l'impressione di avere di nuovo un po' di potere decisionale nella coppia. Dopo due mesi lasciò l'amante, molto deluso perché innamorato, ma lei era più attenta ai soldi del marito che ai battiti del cuore.

Altre donne non usano la formula «chiodo scaccia chiodo», ma aumentano la loro autostima trasformandosi in seduttrici seriali. Come Marlene Dietrich:[7] non le interessava l'amore fisico, ma diventò una vorace consumatrice di adulazioni di uomini (e donne) più giovani.

Esiste infine la gelosia che diventa, semplicemente, vendetta. Forse molti di voi avranno visto il divertente *Il club delle prime mogli*,[8] tratto dal best seller di Olivia Goldsmith. E se non l'avete visto, vi consiglio di farlo. È un film che presenta vendette senza esclusione di colpi, contro gli ex mariti che lasciano la moglie vecchia per la nuova. Comincia con un funerale, alla maniera del *Grande freddo*, e poi imbocca decisamente la via della farsa: il nemico da battere sono le ventenni. Bette Midler, Diane Keaton e Goldie Hawn sono tre furie scatenate e nel loro realismo risultano persino minacciose: almeno agli occhi di un uomo... Con un cameo di Ivana Trump, che pronuncia una frase memorabile: «Non prendetevela, prendetevi tutto!». Insomma, se non puoi avere l'amore, porta a casa almeno i soldi. È questa la morale della favola.

E in fondo, il film è una vendetta anche contro Hollywood, dove Clint Eastwood e Sean Connery, nati nel 1930, sono ancora due sex symbol, mentre le attrici si avviano sul viale del tramonto allo scoccare dei quarant'anni...

Solo finzione? Eppure pare che un lungimirante imprenditore abbia aperto a New York, qualche anno fa, una «scuola di vendetta»: dove s'impara a pareggiare i conti con ex fidanzati, capuffici arroganti, amiche traditrici. Obiettivo: procurare il massimo dei danni senza sconfinare nell'illegalità.

D'altra parte, la gelosia «attiva» può diventare violenza, seguendo, ahimè, il modello maschile. E le gelose finiscono, loro malgrado, se non davanti a un giudice, almeno nelle pagine di cronaca. Come la trentanovenne lombarda citata dalla «Gazzetta di Mantova»,[9] che non digeriva di essere stata lasciata e men che meno di essere stata sostituita da un'altra donna. Così ha bersagliato l'ex fidanzato: atti di vandalismo contro l'auto (il tallone d'Achille di ogni uomo!), telefonate mute, messaggi d'insulto sul cellulare. È stata condannata solo per il danneggiamento dell'automobile. Dovrà pagare una multa e le spese legali e processuali.

Anche M., 43 anni, è lombarda: la sua storia è finita nella cronaca del quotidiano «Il Giorno» quando è stata arrestata dai carabinieri, nella campagna di Desio, per lesioni personali dolose e aggravate.[10] M. era separata da un paio d'anni, ma non aveva mai accettato l'addio. Soprattutto non sopportava l'idea di vedere l'ex consorte con un'altra donna. Così, una mattina è andata ad aspettarlo sotto casa. Quando l'ha visto inforcare la bicicletta non ha esitato, ha innestato la marcia della sua vecchia Rover, l'ha puntato e l'ha centrato. L'ex marito era fermo e non ha fatto in tempo a scansarsi, così è stato travolto. Sbalzato dal sellino, è finito sul cofano. La donna l'ha trascinato per cinque metri, incurante delle urla. Poi l'ha lasciato sull'asfalto dolorante e tramortito, e se n'è andata. La vittima è riuscita ad avvisare, con il cellulare, i carabinieri, e in pochi minuti M. è stata individuata e fermata. Inizialmente, ha cercato di negare, ma poi ha confessato. Il marito se la caverà in un mese, lei è finita in carcere. Non era la prima volta che lo assillava o lo intimidiva: aveva tentato d'investirlo anche l'anno prima, due volte gli ha incendiato la macchina e un'altra ha appiccato il fuoco alla sua cantina. Dunque, più che «danza della rabbia», che – come abbiamo visto – è il consiglio della psicoterapeuta Harriet Lerner, quella di M. è stata una danza del fuoco.

Fuoco, quindi: elemento primario che, come l'acqua, «pulisce», annienta ciò che è sporco, riporta la purezza. Fuoco usato anche da una moglie siciliana, protagonista di uno dei rari delitti per gelosia al femminile. È successo nelle campagne di Trapani, dove Rosa, 35 anni, ha dato alle fiamme il camper-alcova in cui si incontravano clandestinamente il marito e la giovane amante.[11] Alle sei e mezzo del mattino la donna, insospettita, ha preso la macchina, è andata sul terreno dove il marito teneva parcheggiato il camper e li ha sorpresi, abbracciati, insieme. È stato un attimo: ha cosparso l'automezzo di benzina, ha appiccato il fuoco ed è fuggita. In seguito alle ustioni riportate la giovane amante, che aveva appena 19 anni, ha perso la vita. Fuoco, dunque: simbolo di purificazione, come abbiamo detto, e di distruzione totale. Non a caso è alle fiamme che ricorrono spesso i paranoici e i profeti...

Cambiare strategia

Rancore, aggressività, violenza: ma non ci sono strategie più «sane», e «gestibili», contro la gelosia? Alle donne possessive ne consiglio alcune.

IMPARARE A «DIRE» LA GELOSIA

Simona mi ha scritto di essere «tremendamente gelosa», e di non sapere cosa fare. Ogni volta che il suo ragazzo le racconta qualcosa del passato, soffre di un terribile mal di stomaco, che quindi non può neppure tenere nascosto. Forse è invidia più che gelosia: a 27 anni ha avuto poche esperienze, come se si fosse «svegliata» al sesso molto tardi. Però, spiega, adesso si trova in un'impasse: da una parte gli accenni di lui alle ex la fanno stare male; dall'altra non vuole nemmeno proibirgli di parlargliene. «Quando sta con me il mio ragazzo è molto gentile con le altre ragazze, anche se non vedo malizia nei suoi atteggiamenti. Lo fa per piacere... A tutti piace "piacere", ma io vorrei sapere se sono troppo paranoica.»

Ebbene, il mio consiglio è di «dire» la propria gelosia. Questo permette di comunicare al partner quanto si tiene a lui, di spiegargli che certi suoi comportamenti (o discorsi) fanno soffrire, e di buttare fuori i sentimenti che stanno facendo scoppiare il cuore e il cervello. Uno stratagemma che funziona soprattutto in una coppia stabile e adulta. Perché, ahimè, se il ragazzo di Simona è narciso e anche un po' immaturo, continuerà a farsi bello in spiaggia e al bar, e la prenderà in giro per la sua gelosia. Ma già una reazione del genere dovrebbe bastarle per vederlo più chiaramente e raffreddarsi. Un'altra possibilità che ha Simona per uscire da questa impasse è usare la strategia inversa, ovvero mostrare indifferenza alle provocazioni del fidanzato e mettere in atto delle rappresaglie, come fanno quelle donne «moderne» che amano non il compagno, bensì il potere nella coppia. Ma non mi sembra proprio il caso di Simona.

SUPERARE LA PAURA DI ESSERE SOLE

Questa paura antica attanaglia, perché ci ricorda l'infanzia: rievoca il bambino che siamo stati, che aveva bisogno degli altri (della mamma, del papà, della baby-sitter) per sopravvivere.

Molte persone vivono questi sentimenti in situazioni particolari. Mi ricordo, per esempio, un mio paziente di 64 anni, che aveva paura di morire solo, di non avere una mano, una voce che lo accompagnasse nei suoi ultimi giorni. Era quindi molto geloso della compagna, non per ragioni affettive, ma perché placava il suo timore di angosciosa solitudine (che riuscì a raccontare solo in terapia). Sono molte le donne che vivono la sensazione di esistere solo se «appoggiate», o meglio «aggrappate», a un uomo. Per loro la gelosia può essere terapeutica, perché libera questa vecchia paura, e permette l'elaborazione dei sentimenti che si ritrovano così scatenati.

Mi viene in mente il caso di Claudia, 36 anni. Di fronte a un vagabondaggio erotico del marito, ha reagito impegnandosi ancora di più nel lavoro. Era segretaria in un'agenzia di pubbliche relazioni: è diventata l'assistente personale del suo capo, che le ha offerto, dopo qualche anno, di diventare socia. La gratificazione del denaro, della carriera, ha cambiato la relazione di coppia. Non era più Cenerentola che poteva essere felice soltanto se il principe sceglieva lei.

SVILUPPARE LA PROPRIA PARTE SEDUCENTE

Molte donne belle usano la seduzione come arma principale per «entrare in contatto» con gli altri (e soprattutto con gli uomini). Tuttavia la maggior parte delle donne che incontro, nella vita quotidiana, sono grigie, perché sono state allevate con l'idea di dover interpretare diversi ruoli: devono essere figlie, sorelle, mogli, madri, oltre che affidabili lavoratrici... Ma si dimenticano di essere, come dico in maniera ironica, «cortigiane». L'aspetto seducente (non seduttivo) è ancora proibito da una parte della nostra cultura, secondo cui le donne o sono madonne o sono puttane.

Mi sembra quindi esemplare il caso di Luisa, 48 anni, che ha capito che il marito (seguendo di nuovo un classico cliché), ha avuto un'avventura con la segretaria. Ebbene, lei ha «studiato» la rivale, cercando di farlo con lucidità. Ha scoperto che è una donna elegante, con un atteggiamento seducente e al tempo stesso seduttivo, con un'attenzione a certi dettagli estetici che Luisa ha sempre trascurato. Si è allora ricordata che al marito è sempre piaciuta la lingerie nera, che lei evita d'indossare, considerandola superflua e quasi ridicola. L'ho però incoraggiata in questa strategia di riscoperta della femminilità, mostrandole come l'incidente sentimentale con il marito potrebbe diventare per lei un'opportunità di crescita, attraverso il recupero della «parte cortigiana» che è in ogni donna e che Luisa fa fatica ad ammettere. Quando aveva azzardato un timido tentativo negli anni precedenti, comprandosi un reggicalze, il marito l'aveva presa in giro, dicendole che non era ancora carnevale! Si tratta ora di riprendere questo «programma di seduzione» in maniera più credibile, non solo per salvare la coppia, ma anche per riappropriarsi di parti ignorate di sé.

Molte donne, nel tentativo di «riconquistare» il compagno, quando hanno superato una certa età si chiedono (e a volte mi chiedono) se, a parte il rinnovo del guardaroba, è il caso di affidarsi al chirurgo estetico, perché magari vedono il compagno con una donna più giovane e vorrebbero rimettersi «in competizione»... Ma decidere di rifarsi il seno per riagganciare il marito in genere non funziona. Il chirurgo sarà poi contento degli esiti dell'intervento, ma la donna no, perché non ha raggiunto il suo scopo. La chirurgia estetica funziona davvero solo quando è decisa per sé, per ritrovare la propria sicurezza, per aumentare la propria autostima, non in un momento di gelosia e disperazione.

E infine, un piccolo commento personale. Trovo che la gelosia possa imbruttire una donna, come ogni delusione d'amore: la smagrisce, le lascia sul viso i segni delle lacrime e del dolore. Ma la gelosia può anche rendere belle, perché aiuta a sprigionare le caratteristiche personali di fascino.

IV
Gelosia al maschile

Secondo un recente sondaggio dell'agenzia Klaus Davi,[1] il 70 per cento delle donne ha, almeno una volta, tradito il partner. Una percentuale esagerata? Eppure è vero che le donne tradiscono di più; o almeno, lo ammettono più sinceramente. Questo è facilitato dal sesso vissuto in buona parte separato dal cuore, e da una vita, la nostra vita, sempre più lunga, il che aumenta le probabilità di avere esperienze alternative, al di là dell'unico matrimonio «per sempre» dei nostri nonni o dei nostri genitori. Inoltre le donne oggi sono più autonome: hanno un lavoro, guadagnano, sono indipendenti; viaggiano, escono, hanno una vita sociale «in solitario» anche se sono in coppia. E quindi non si pongono più passivamente nel rapporto. Perciò, se dovessi definire dal punto di vista psicologico le donne che hanno più di un uomo, potrei raggrupparle in sei categorie.

1. Donne che non sono più innamorate, che rimangono con il marito per «fedeltà passiva», per inerzia, magari per ragioni economiche e, soprattutto, per i figli. Possono trovare alternative sia per il sesso sia per il cuore, e innamorarsi di nuovo. In tal caso il tradimento è la punta dell'iceberg del conflitto coniugale.

2. Donne che sono state tradite: vogliono consolarsi e magari vendicarsi.

3. Donne-arcipelago, che oltre a un'isola principale (il matrimonio o una convivenza «ufficiale»), hanno bisogno di circondarsi di atolli e isolotti. Il loro mondo sentimenta-

le è scisso e parcellizzato: la tenerezza con un uomo, la passione con l'altro, l'interesse culturale o politico con un terzo.

4. Donne stabili, ma ossessionate da una passione che le obbliga ad andare contro i loro principi morali, come nella mitologia Pasifae con il toro (da cui nacque, peraltro, il Minotauro).

5. Donne in cui l'eros è stimolato solo dalla trasgressione.

6. Ninfomani dominate da un'urgenza erotica: quando ne hanno «voglia», per loro l'oggetto sessuale è indifferente. In genere sono donne che lottano contro la depressione, e il sesso riempie almeno temporaneamente il vuoto interno.

Io penso che molte donne ritengano che il loro corpo non «appartiene» alla coppia; in qualche modo hanno adottato comportamenti che gli uomini portano avanti da secoli. Però ci sono mariti che sono rimasti all'antica e non sopportano, non riescono a perdonare, un «vagabondaggio erotico» della moglie. Anzi, molti continuano a sostenere che l'adulterio femminile è più grave, perché non è mosso dal sesso.

Adriano ha 50 anni e dieci anni fa ha sposato Beatrice, una manager, mentre fino ai quaranta ha avuto solo avventure, storie senza domani. Il sintomo sessuale per il quale mi consulta è un'eiaculazione non tanto precoce quanto «immediata», non appena lei lo accarezza nelle parti genitali. Che cosa c'è dietro? Adriano si è sposato per sistemarsi, ha subito fatto due figli e dopo ha deciso per una vasectomia. Si porta dentro una rabbia terribile verso le donne, non la moglie ma le donne in generale, e ovviamente è geloso. Il padre è morto quando lui aveva vent'anni, e questo lo ha obbligato a occuparsi dei terreni di famiglia (adibiti alla produzione di vino), mentre avrebbe voluto studiare all'università. Gli pesa in particolar modo la conduzione dell'azienda vinicola di cui è proprietario insieme a due sorelle, da lui descritte come streghe che lo derubano e sfruttano la sua vitalità. Adriano è un grande sportivo e nel suo fitness club, tra maschi, o alle partite di calcio cui non manca mai, si trova a suo agio. È invece molto diffidente nei confronti del mondo femminile. Proprio per questo si è sposato dopo i quarant'anni. L'immagine della donna strega gli fa scattare molta paura e molta rabbia, i sentimenti che stanno dietro la sua gelosia. E la moglie? Beatrice ha fatto carriera prima di sposarsi. Considera il lavoro molto importante, ma ritiene che anche il suo benessere sessuale debba fare parte di un matrimonio riuscito. Ed è l'eiaculazione immediata del marito, quindi, che manda in crisi una coppia decisa quasi a tavolino, con la mente e il raziocinio, da due quarantenni che volevano sistemarsi. Il sesso, però, non ubbidisce alla volontà e alla ragione. E il loro matrimonio rischia di spezzarsi, perché Adriano chiede un farmaco per rallentare l'eiaculazione, ma nega la sua gelosia e la sua paura delle donne.

Molte donne oggi hanno successo, e molti uomini sono gelosi della loro attività e dei loro incontri professionali. L'ha raccontato una divertente commedia francese, il film d'esordio di Yvan Attal, *Mia moglie è un'attrice.*[2] Fra l'altro l'affermazione è vera, dato che la moglie, nella finzione cinematografica e nella realtà, è proprio un'attrice, Charlotte Gainsbourg. Nel film, Yvan è un giornalista, contento della celebrità della moglie quando deve prenotare un teatro o un ristorante, un po' meno quando lei è lontana per girare un film. Allora la sua immaginazione si scatena, insieme ai dubbi: nelle scene d'amore, recita o no? Quando Charlotte, a Londra, comincia le riprese di un nuovo film con un attore affascinante e famoso, dai capelli bianchi (Terence Stamp), la gelosia esplode e comincia a farsi ossessiva, e lo tormenta il dilemma se la moglie gli appartenga ancora. Finché Yvan prende un treno per fare la classica sorpresa che sarebbe meglio non fare mai...

Forse il cinema francese è particolarmente sensibile al tema della gelosia maschile, perché è sempre in un film francese che ho ritrovato il classico geloso. È Michel Blanc, regista di una commedia, *Baciate chi vi pare,*[3] che racconta un girotondo di amori e tradimenti, in un'estate calda, tra Parigi e la Normandia. Michel Blanc si è riservato anche il ruolo del geloso ossessivo: un uomo che ama disperatamente la moglie e la tormenta con sospetti, scenate, domande. In vacanza, nel grande albergo dove passano l'estate, lui dubita di tutti e di tutto, persino di uno sguardo. Accusa, poi piange disperato, chiedendo perdono. Il punto è che lei è fedelissima, ma stanca di queste continue, sfibranti scenate di gelosia. Così il troppo amore riuscirà solo a farla disamorare.

Uomini controllanti. E magari infedeli

Da sempre l'uomo vuole controllare il corpo femminile, malgrado l'eccesso di controllo a volte ottenga l'effetto contrario. Un esempio di geloso tradizionale? Il protagonista di una storia dal sapore antico: un romanzo, che in effetti è stato scritto nel 1942 dall'ungherese Milán Füst,[4] ma solo recentemente tradotto in italiano. L'incipit è chiaro, senza tanti preamboli: «Che mia moglie mi tradisse lo sospettavo da un pezzo». E siamo subito nel cuore della storia. Lui è Jacques Störr, capitano di battello; un uomo massiccio, sanguigno e brusco. Lei, una francese delicata, minuta, chiacchierona, è Lizzy. Lui è diffidente e possessivo, fino alla paranoia. Le compra abiti eleganti, ma poi impazzisce all'idea che la moglie li indossi mentre lui è in mare, e appena torna non resiste alla tentazione di frugare nella sua biancheria alla ricerca di prove compromettenti. Un'ossessione che del resto, da vero maschio d'altri tempi, non gli impedisce di correre dietro alle donne... Finché le sue indagini sfibranti faranno scappare Lizzy con un parigino. Ma lei lo tradiva o no? In un momento di lucidità, il burbero capitano ammette persino: «Non è escluso che mia moglie fosse effettivamente innocente».

Un amore d'altri tempi? Non direi. Penso a Giuseppe, che a 70 anni soffriva non soltanto di una «banale» gelosia retrospettiva, ma focalizzata con precisione: era ossessionato dall'uomo con cui la moglie aveva perso la verginità. Di più: negli ultimi tempi, la sua gelosia è diventata prospettiva. Continua a chiedersi se, quando lui non ci sarà più, la moglie si risposerà, se avrà ancora voglia di fare all'amore, se proverà maggiore piacere con un altro uomo...

E vogliamo parlare della gelosia non propriamente «legalizzata», quella degli amanti? Come Paolo: stava con una donna sposata, e lo faceva impazzire l'idea che lei avesse ancora rapporti sessuali con il marito. Lei gli giurava di no, che dormivano insieme, ma ormai senza toccarsi, che il desiderio era spento da anni; ma Paolo, ogni volta che lei partiva per le vacanze con la famiglia, stava male all'idea che magari, d'estate, complice un bicchiere di vino e una serata nostalgica, il consorte potesse avvicinarsi a quella che ormai considerava la «sua» donna. Paolo, però, sposato anche lui, con la moglie continuava a fare l'amore...

Il massimo del controllo amoroso, forse, possiamo trovarlo in un uomo che è stato eccessivo in tutto, nella vita come nell'arte: Picasso, un vero *tombeur de femmes*. E, tra le sue tante donne, Fernanda: la invita a casa per posare come modella e la dipinge con un gatto. Ma in quella casa lei rimarrà nove anni... Picasso è gelosissimo e infedele; per non perdere Fernanda le nascondeva tutte le scarpe, in modo che non uscisse di casa. Alla fine lei s'innamorò di un pittore italiano, Ubaldo Oppi, e fuggì. Tra gli altri amori di Picasso, voglio ricordare la fotografa Dora Maar, donna ironica e autonoma, che lui, per vendicarsi, ridicolizzerà in una serie di ritratti.

E poi c'è la gelosia malata degli uomini che hanno una donna più giovane, e quindi sono mille volte più diffidenti, sospettosi, ossessivi. Su questo Philip Roth ha scritto pagine folgoranti. Penso al romanzo *L'animale morente* e al protagonista, un professore di estetica,[5] talmente ossessionato dalla sua giovane amante, Consuela, che per lui la gelosia diventa un veleno. Se lei indossa una camicetta attillata, immagina che uno sconosciuto, per strada, potrebbe innamorarsi di lei e portarla via. È la differenza d'età che accentua, amplifica la gelosia; non c'è pace per l'uomo che ha scelto una ragazza bella e giovane. Ama la bellezza, la freschezza, ma poi «paga» con il tormento della gelosia. E del controllo. Le telefona almeno una volta al giorno, altrimenti entra in ansia. La chiama «la mia droga telefonica giornaliera».

Del resto il confine tra l'amore avvolgente e il controllo ossessivo è abbastanza sottile, a volte labile. Un uomo deve essere presente, attento; ma qual è la differenza tra un corteggiatore premuroso e uno geloso? Il primo scruta il volto dell'amata per indovinarne i desideri e si sforza di suscitarne l'interesse. Il secondo la osserva solo per cogliere un eventuale segno di rifiuto o il trionfo del rivale.

Un'ambiguità, tra amore e controllo, che ritroviamo anche nella lettera di Leo. Mi ha scritto un lungo, accorato sfogo: «Siamo sposati, felicemente sposati, da nove anni; da due abbiamo un figlio. Io ho 34 anni, la mia bellissima moglie ne ha 30 e si chiama Renata. Stiamo leggendo il suo libro *I nuovi comportamenti amorosi* e abbiamo deciso di chiederle aiuto per due problemi che ci tormentano: un tradimento e una perversione.

«Ho sempre pensato che il nostro fosse un rapporto inossidabile, basato sulla fiducia, sull'amore e sul rispetto. Ma un anno fa mia moglie mi ha raccontato una storia che mi aveva sempre tenuta segreta. È successo tempo fa; lei allora aveva 19 anni, lui 34, ed era sposato. All'epoca lavoravamo tutti e due in un autogrill, dove ci siamo conosciuti. Io ero alla stazione di servizio, lei al bar, lui era direttore commerciale dell'autogrill. Nel giro di qualche mese ho dato le dimissioni, così lui ha cominciato a corteggiarla. Sono usciti insieme quattro volte; solo alla quarta lei si è arresa alla "volontà della carne".

«Me l'ha raccontato in un modo così infantile e privo di malizia, diceva che era semplicemente curiosa di un altro uomo, dato che conosceva il sesso solo con me. Ammetto:

in quel momento mi è crollato addosso il mondo. Ho visto frantumarsi il nostro amore, e tutto quello che provavo per lei: la fiducia, il rispetto che ritenevo lei avesse per me e i miei sentimenti... Da allora non riesco più a vederla come prima: vedo un'estranea. E a volte, sento solo odio. L'affetto, la fiducia, tutto il bene che provavo sta perdendo colore; e non credo più all'amore.

«E poi mi sento preso in giro, ridicolizzato di fronte ai miei ex colleghi. Tutti sapevano della loro storia... Più ci penso, più sto male, anche perché continuo a rivedere nella mia mente tutti i particolari. L'atteggiamento di lui è stato indegno, l'ha portata in uno squallido motel, l'ha trattata come un oggetto; è tutto finito in pochi minuti e, dopo, neppure una parola affettuosa. E dire che lei aveva appena 19 anni... L'ha lasciata vicino a casa e se n'è andato con un ciao. E non hanno neppure usato un preservativo! Se ci penso mi sento nauseato, schifato all'idea che lui l'abbia usata così... Alla fine di questa confessione per me scioccante mia moglie ha detto: "Non ti devi preoccupare, perché con lui a letto è stato orribile". E da allora mi domando: se invece fosse stato bello e coinvolgente? E poi mi disse: "Se lo incontriamo per caso, fai finta di niente", come se volesse proteggerlo. Ma io, a quest'uomo, ho solo voglia di spaccargli la faccia.

«Ora non so più cosa fare. Certe volte penso quasi di lasciare mia moglie, o di ripagarla con la stessa moneta (per incredibile che possa sembrare, lei muore dalla paura di essere tradita ed è molto gelosa di me). Forse volevo troppo dall'amore? Pensavo di conoscerla come me stesso...

«Comunque non voglio diventare il "poveretto" che è stato tradito. Anch'io ho avuto le mie occasioni; una bella cubana ha incrociato la strada della mia vita un paio d'anni fa. Mi piaceva, ma mi sono sempre trattenuto, per non ferire mia moglie, per non mettere a repentaglio il nostro matrimonio. Oggi mi sento un idiota e mi pento di non essere andato oltre con quella ragazza... La confessione del tradimento è avvenuta, come ho detto, un anno fa. Poi, sei mesi fa, un altro colpo di scena. Lei ha voluto scoprire tutte le sue carte. Mi ha confidato che le piaceva molto un tipo di 37 anni, divorziato, che abitava nel palazzo dove lei andava a fare le pulizie. Si guardavano, si sorridevano, si provocavano... Si sono scambiati persino il numero del cellulare. Un giorno lui l'ha chiamata, per invitarla fuori; lei si è rifiutata. La sua era solo una fantasia, la voglia di sentirsi desiderata da un altro uomo.

«Voglio precisare, pero', che nonostante gli anni e l'inevitabile routine matrimoniale, noi a letto abbiamo ancora un'intesa speciale. Questo è importante: perché forse proprio la nostra sintonia erotica mi ha spinto a fare quello che ho fatto. Mi sono reso conto, infatti, che il suo racconto mi aveva coinvolto. E intrigato. Abbiamo deciso, insieme, di realizzare questa fantasia. Renata è andata a letto con lui. Io sapevo tutto, ora e luogo, niente inganni: era una situazione controllata, decisa da noi due, "a tavolino". E lui, l'ignaro fortunato, la vittima di due coniugi un po' perversi.

«Lei è andata a casa sua una mattina, e gli è praticamente saltata addosso. Mi ha raccontato che era talmente focosa, che lui, spaventato e disorientato, ha avuto una momentanea impotenza; ma alla fine sono riusciti a consumare il rapporto. Quel giorno eravamo talmente eccitati che abbiamo fatto sesso ben due volte e in posti diversi, certo non tra le lenzuola; sono seguiti altri quindici giorni di eros come non era mai successo. Ci ripensiamo spesso: ridiamo dell'impotenza della "vittima", risentiamo il brivido della trasgressione, usiamo qualche volta la storia per eccitarci al letto. Lei non va più a lavorare in quel condominio e ha cambiato numero di telefonino.

«Due tradimenti, è vero: mia moglie mi ha tradito due volte. Eppure le situazioni sono totalmente diverse: hanno in comune solo il sesso. Quando penso al tradimento di dieci anni fa provo malessere, odio, tristezza, vergogna, e vorrei solo lasciarla. Abbiamo tanta paura che questo accada, che io smetta di amarla, mia moglie si deprime, ha capito la gravità dell'atto e si sente un mostro per quello che mi ha fatto. Non riesco a perdonarla. Non capisco questo alternarsi di sentimenti così ambiguo di odio e amore, schifo e piacere».

Due tradimenti, due modi completamente diversi di viverli: il primo è ripensato con gelosia, con tristezza; il secondo, con un senso di trasgressione. Perché? Leo lo racconta bene, e con molta sincerità. Del primo tradimento non sapeva nulla, non aveva nessun potere: né di decidere, né di controllare. E giudica il passato, io credo, con troppa severità. La moglie era davvero una ragazzina; curiosa, come lei stessa si è definita, di un altro uomo.

Credo che Leo dia troppa importanza a quello che è successo, che per la moglie è stato solo un errore, una leggerezza. Invece lui è offeso nell'orgoglio, vive questo tradimento come una mancanza di rispetto, una ferita alla sua fiducia e un attacco all'immagine sociale (tutti i riferimenti ai colleghi che «sapevano»...). Ma Leo non può andare avanti così, riproiettandosi nella mente le immagini di una scopata in uno squallido motel; in questo modo rischia davvero di rovinare il suo matrimonio, soffocandolo in una gelosia retrospettiva ed eccessiva.

E il secondo tradimento? Era una fantasia: di seduzione e di provocazione. Insieme tuttavia hanno deciso di realizzarla. Certo, è stata una piccola, eccitante perversione: di coppia, però. E la gelosia non è scattata, perché la situazione era controllata da Leo. Anzi, ha messo nuovo carburante... nella vita erotica dell'ex benzinaio.

Leo è stato tradito, è vero: ma l'ha deciso lui, è lui che detiene il potere. E questo lo tranquillizza dal punto di vista psicologico e lo eccita sessualmente. Io credo che questa sia una coppia che può e deve restare unita. Il problema è solo di Leo: il problema di un uomo che vuole decidere e controllare tutto. Si può dunque ritrovare l'armonia, in questo matrimonio, magari anche con un pizzico di trasgressione. Con cautela: perché non tutte le coppie hanno la solidità psicologica necessaria per gestire l'adulterio «a comando» e la trasgressione.

Come disse Ludovico Ariosto: «L'incarco delle corna è lo più lieve / che al mondo sia, se ben l'uom tanto infama: / lo vede quasi tutta l'altra gente / e chi l'ha in capo, mai non se lo sente».[6] Nessun uomo vorrebbe avere le corna, ma soprattutto nessuno vorrebbe che gli altri lo sapessero!

Per esempio Antonello, 55 anni, divorziato e ricchissimo, che ha una nuova moglie più giovane. È un uomo con un'alta opinione di se stesso, ed è rimasto sbalordito nello scoprire che lei aveva una relazione con il marinaio del loro yacht. Si è sentito ridicolizzato, più che geloso. E la coppia è comunque scoppiata. Non tanto per il tradimento in sé, ma perché il tradimento aveva rivelato la fragilità del loro legame. Lui aveva sposato una donna giovane, per sentirsi giovane; lei amava Antonello per la stabilità economica che lui le offriva, ma vibrava – eroticamente – solo per i ragazzi della sua età.

Non sempre la gelosia reca danni. A volte fa compiere azioni corrette. Penso alla storia di Roberto e Benedetta. Lei ha 27 anni e da quand'è nato il loro bambino, che adesso ha diciotto mesi, ha crisi di panico accompagnate da vertigini e tachicardia. La colpiscono all'improvviso, mentre è per strada, e allora Benedetta deve chiedere aiuto per farsi accompagnare a casa. Sono meno acute, tuttavia, meno dirompenti, se non è da sola, se il marito o il bimbo sono con lei. Cosa c'è dietro? Un'infelicità coniugale. Benedetta è sposata da tre anni, ma i litigi sono cominciati presto. Roberto è un artigiano, un bel ragazzo un po' narciso, molto attento al proprio fisico e ai muscoli, e meno attento alle esigenze della vita famigliare. Gli piace passare il tempo al bar con gli amici, e a volte non torna neppure a casa per cena. Senza nemmeno avvisare. Non per cattiveria, è un uomo forse un po' sempliciotto. Visto che le crisi di panico si facevano sempre più frequenti, Benedetta ha capito che non sopportava più la situazione; ha lasciato Milano, dove la coppia abitava, ed è tornata in Puglia, dai genitori. E anche dal suo amore di un tempo, il fidanzato dei quindici anni che vive ancora nel paesino dove lei è nata... Non è successo niente tra loro, Benedetta non aveva certo voglia di farsi corteggiare. Ma è stato il semplice sospetto di un altro pretendente che ha spinto Roberto a farsi avanti. È andato in Puglia, l'ha supplicata di tornare. È la gelosia, dunque, verso un ipotetico rivale, che ha spinto Roberto fuori dal bar, per cercare Benedetta e riportarla a casa.

Uomini con il complesso d'inferiorità

In altri casi l'uomo narciso è geloso per ragioni antiche che ne hanno minato la sicurezza.

Per esempio in Renato, 37 anni, c'è un'insicurezza che risale all'adolescenza. Ha scoperto l'autoerotismo a quattordici anni (e lo pratica da allora). Ma, a parte il sesso solitario, non ha mai osato farsi avanti con le ragazze che gli piacevano, né portarle a casa, perché era sottoposto alle critiche di genitori anziani e molto religiosi. È quindi rimasto un uomo timido, innamorato di donne impossibili, mentre quelle che erano attirate da lui non lo interessavano. Poi si è sposato con una donna molto intraprendente, che ha preso in mano la situazione e lo ha, semplicemente, sedotto. Con la moglie, però, Renato soffre di eiaculazione precoce. È la conseguenza non solo di un'eccitazione troppo rapida, ma soprattutto della sua debole autostima. Non appena la moglie si eccita, Renato, che è poco sicuro di sé, si chiede se è davvero per merito suo... Questo lo rende emotivamente troppo coinvolto, non in grado di pilotare le emozioni e di conseguenza neppure la risposta sessuale. Non di rado l'insicurezza personale si traduce in meccanismi ansiosi, più che depressivi, e ha come ricaduta negativa una gestione precipitosa della vita. E infatti Renato non è rapido solo nel sesso, ma anche nella sua gelosia, vedendo in ogni sguardo, in ogni situazione, un rivale immaginario.

Senso d'inferiorità: è questo che muoveva anche Claudio. Il sesso era il suo hobby principale (io lo consideravo non un ipersessuale, ma un drogato del sesso). Voleva che le sue donne fossero solo sue, e applicava, per paura del confronto, il «principio dell'harem».

A volte l'insicurezza maschile non è immediatamente riconoscibile, eppure è una forza potente, che alimenta il fuoco della gelosia. E l'amata diventa vittima, talora complice di un gioco pericoloso.

Come Piera, che mi racconta in una lettera del suo matrimonio vissuto sotto il segno della gelosia: «Sono sposata da diciotto anni e ho due figli, uno di diciotto e l'altro di quattro. Con mio marito si sono sempre alternati momenti di grande passione ad altri di puro odio. Ci siamo conosciuti giovanissimi, io avevo quindici anni e lui mi ha corteggiato come si fa con una dea; è stato l'unico uomo che mi ha fatto sentire bella, intelligente, affascinante... Questo suo amore così profondo mi ha conquistato. Poi ho avuto dei dubbi, non ero sicura di amarlo e sentivo il bisogno di un po' di libertà; volevo uscire con le amiche, stare anche per conto mio. Lui mi soffocava con le sue attenzioni (mi passava a prendere a scuola, veniva da me tutte le sere, e io a quel tempo avevo solo quindici anni), così l'ho lasciato, spiegandogli che non mi interessava nessun altro ma avevo bisogno di riflettere.

«Per un po' di tempo mi ha dimostrato tutta la sua disperazione, ma io ero convinta di quello che avevo fatto e non ho ceduto. Allora è cominciata la guerra. Lui si faceva vedere da me insieme ad altre donne, in atteggiamenti francamente esagerati; mi diceva che non mi amava più, che era andato in questo o in quel locale, e che aveva avuto esperienze con ragazze facili che gli avevano fatto provare sensazioni incredibili. Io ero infastidita e forse, confesso, gelosa. È stato allora che mi sono innamorata; ci siamo messi insieme, sono rimasta incinta e ci siamo sposati. Io volevo trovare lavoro, ma lui me l'ha sempre impedito, dicendo che poteva guadagnare benissimo per tutti e due. Ha cercato in ogni modo di tagliare i miei rapporti con l'esterno. E io ho cominciato a soffrire di attacchi di panico: per alcuni anni non sono riuscita più a uscire di casa, nemmeno per andare in terrazzo. Nostro figlio era accudito da mia madre (abitiamo nella stessa casa, anche se in appartamenti separati) e io ero come morta. Lui? Non mi sembrava preoccupato: anzi, lavorava pieno di entusiasmo e mi raccontava che era ammirato e corteggiato dalle sue clienti. Godeva nel vedermi gelosa e incapace di reagire. Poi un giorno non ho più retto e con l'aiuto di uno psicologo, pagato dai miei genitori, ho trovato la forza di reagire. Mi ricordo quando mi sono imposta di uscire, di provare a fare una piccola passeggiata; avevo il cuore che mi scoppiava, non sentivo le gambe, ma ce l'ho fatta, anche se per pochi metri. Nel giro di qualche mese sono riuscita a riprendere a guidare, ad andare da sola al supermercato. Finché ho saputo di un concorso indetto dal comune della mia città: mi sono preparata, l'ho vinto, e dopo sei mesi sono stata chiamata a lavorare per sei mesi come ragioniera. Ero così felice! Avevo trent'anni. Ho accettato, ma mio marito è caduto in uno stato di angoscia. Quando tornavo dall'ufficio, lo vedevo sempre arrabbiato, con un odio negli occhi che mi raggelava il sangue. Poi è cominciato il linciaggio: "Tu trascuri la tua famiglia", "Non mi ami più", "Chissà quante occasioni hai di tradirmi", eccetera.

«Io mi sentivo talmente in colpa che quando, al lavoro, mi hanno proposto di rimanere ho rifiutato, seppure con tanto dolore: non sopportavo di vederlo così. È stato un errore, che ho pagato caro. Le cose hanno cominciato ad andare sempre peggio. Da allora lui non perde occasione di umiliarmi, mi critica per come preparo il pranzo, tengo la casa, educo i figli, non so risparmiare... Non mi fa più un complimento, né un regalo. Mi racconta di apprezzamenti che fa alle sue clienti, anche volgari, con racconti di questo tipo: "Sai, la tizia ha un sedere che toglie il respiro; avrei potuto tradirti, eppure mi sono trattenuto", e tutte queste bassezze.

«Nel frattempo è nato il nostro secondo figlio, e io e mio marito viviamo così, a corrente alternata; notti di sesso e giornate d'odio; io perché mi tiene prigioniera, lui perché non lo amo abbastanza. Ma in fondo ci vogliamo bene, almeno credo, e questo alla fine ci fa andare avanti. Abbiamo persino deciso di costruirci una villetta. Lui continua ad amarmi di notte e detestare tutto quello che faccio di giorno. Mi sono specializzata nel *trading on line* e il mio sogno è ricominciare a lavorare fuori casa; non credo di fare del male, sento il bisogno di avere un posto nel mondo, oltre che in famiglia. Lei cosa ne pensa?».

Il mio giudizio è semplice: penso che, nel Terzo Millennio, un marito del genere, possessivo e soffocante, sia inaccettabile. È un uomo all'antica, assolutamente anacronistico: sarebbe stato «normale» cinquant'anni fa, quando le donne, almeno in certe regioni italiane, non avevano alcuna autonomia culturale, né economica, né sessuale. Però il marito di Piera è gelosissimo perché insicuro di sé, più che di lei. E Piera mi sembra non solo vittima, ma anche complice. Tanto che la gelosia, ma anche l'odio e l'amore (l'odio di giorno, l'amore di notte), sono diventati il collante di questa coppia: quello che li tiene insieme, da diciotto anni.

Mi scrive anche un uomo che analizza bene la sua gelosia ma non sa gestirla, e quindi la combatte. «Duellare con la propria gelosia è aver di fronte la propria ombra, ingigantita dalla luce di un fuoco che non facciamo che alimentare. È quello che da più notti non mi fa dormire e che di giorno non mi permette di pensare ad altro. Mi sento stupido: o forse troppo consapevole? Egoista o vittima di egoismo? Quello che so è che potrei passare dei momenti incantevoli con lei, e invece non faccio altro che parlarle di queste mie angosce, giocare i miei ruoli di inquirente, vittima e aggressore; perché non accetto che qualcosa di lei possa essere di un altro uomo e non mia.

«Qualche mese fa mi ha detto che voleva seguire un seminario, sotto la guida di uno psicologo. E io ho avvertito la gelosia che provo sempre al pensarla in una situazione di intesa e intimità con altri uomini; ho anche pensato: "Sicuramente si invaghirà del conduttore". Allo stesso tempo mi sono sentito gretto, egoista e pervaso dal senso di colpa per la mia gelosia. Ho deciso di incoraggiarla nella sua scelta, ho anche contribuito alla quota di iscrizione (era costosa, e stava quasi per rinunciare...). Il seminario è cominciato. Lei, frequentando gli incontri, mi diceva di essere soddisfatta di ciò che imparava, ma un po' annoiata dai partecipanti. Io, lo ammetto, ero sollevato. Una volta terminato il gruppo, mi sentivo soddisfatto che tutto fosse "andato bene". Però la mia ragazza aveva dovuto saltare un incontro e il conduttore le ha proposto un "recupero", una sorta di lezione privata... Comincio a insospettirmi. Lui le propone di incontrarsi, per comodità, non nel solito centro, ma a casa sua (dove non ha uno studio); lei accetta senza porsi alcun problema. La proposta mi sembra poco professionale, ambigua, e altrettanto ambiguo il non porsi problemi di lei. Decido di parlarle. Lei mi confessa di aver notato un interesse particolare dello psicologo verso di lei e di aver provato imbarazzo rispetto ad alcuni suoi atteggiamenti, compresa la proposta della "lezione di recupero"; mi dice comunque che lui è un uomo interessante, e che lei è lusingata di questo "corteggiamento" (parola che lei stessa usa!). Com'era prevedibile, vado in crisi. Partono i miei viaggi paranoici su quello che sarebbe successo in quell'appartamento, su ciò che lui avrebbe fatto o tentato di fare, su quanto il "transfert" avrebbe potuto offrirgli una potente arma di seduzione. In più, lo psicologo ha un indirizzo prestigioso, nel centro storico; anche questo mi fa impazzire, visto che, pur facendo molti sacrifici, non mi è ancora possibile andare a vivere con la mia fidanzata. Lui questo lo sapeva, immagino volesse sfoggiare il suo appartamento anche per questo motivo: un'altra arma impari. Però mi fidavo di lei, non volevo porle dei limiti, non volevo assecondare la mia gelosia come avevo fatto altre volte; ho mostrato qualche resistenza, ma ho deciso di non oppormi. Nell'incontro non vi è stata alcuna avance esplicita; hanno solo parlato e lui le ha prestato dei libri. Però c'è la possibilità di formare un nuovo gruppo. Quindi si rivedranno! E questo mi procura un'altra crisi. Continuo a combattere la gelosia, alterno scenate a momenti di comprensione...

«Mi ero finalmente abituato all'idea, ero persino riuscito a uscire dalla mia dimensione di malafede e avere una buona considerazione del mio "rivale", quando lui la chiama: "Ti andrebbe di vederci per bere una birra in questo weekend?". Lei risponde che le sarebbe piaciuto, ma che non sarebbe stato possibile (infatti eravamo via per il fine settimana); lui le propone di sentirsi il lunedì successivo per uscire una sera. Lei accetta. A questo punto crollo. Niente mi avrebbe più distolto dall'idea che quell'uomo stava insidiando il nostro rapporto, e cercando di portarmi via il mio amore o perlomeno di indurlo a un subdolo tradimento (anche lui ha una partner). Questa volta sto troppo male per contenermi ed esplodo; non sopporto chi abusa del potere e della fiducia del "paziente". E questa volta la scorrettezza mi riguarda direttamente: lo psicologo a cui ho persino dato dei soldi vuole scoparmi la ragazza! Lo odio profondamente, voglio telefonargli e dirgli ciò che penso di lui e ciò che l'aspetta se continua a scherzare col fuoco. Lei però mi blocca, e io rispetto la sua volontà.

«Il weekend fuori città è stato stupendo, sono riuscito a mettere da parte il mio tormento e godere finalmente del nostro meraviglioso amore; un'esperienza che mi conferma l'importanza di non rovinare tutto con la mia gelosia... Ma come faccio a dimenticarmi che quel verme sta cercando di portarmela via? Il lunedì si sentono, lei gli spiega la situazione, lui capisce e gioca la circostanza a proprio vantaggio trasformandosi in un empatico consulente telefonico che sfodera frasi come: "Mi sembravi contenta del nostro incontro...". Frasi che mi fanno ribollire il sangue. Per ora il loro incontro serale è annullato, ma ci saranno diverse occasioni per rivedersi; per esempio, una "simpatica" pizza con chi ha partecipato al gruppo.

«Io e lei siamo insieme da sette anni, ed è la prima volta che si presenta una situazione del genere. Sono geloso, e lo so; quando ci siamo conosciuti, mi ero proposto di non assecondare la mia possessività. Era lei, anzi, che si mostrava molto sospettosa ed era persino infastidita dalla mia mancanza di gelosia. Dopo alcuni attriti ho così deciso di adottare le sue regole; regole che, del resto, condividevo pienamente. Oggi lei si ribella alle sue stesse convinzioni; vuole sentirsi libera di avere amicizie maschili, anche se ambigue; dice di scoprirsi lusingata dai corteggiatori che la circondano, non vuole rinunciare a un'amicizia soltanto perché quella persona si mostra attratta da lei. Capisco come soltanto ora sia veramente sincera con me e soprattutto con se stessa, è questo il modo giusto per vivere il nostro rapporto con spontaneità e libertà. Per me però non è facile cambiare; ero contento di come procedeva la nostra storia, non mi sentivo soffocato dalla sua esclusività. Adesso ho paura che lei si allontani da me o io da lei; forse ho semplicemente paura della libertà che lei mi sta offrendo, prendendosi la sua. Mi sento diviso: da una parte vorrei prendere in mano la situazione "da uomo", dall'altra mi sento arretrato e ottuso. Ma se reprimo la sua voglia di leggerezza, non rischio davvero di perderla, perlomeno come donna felice e libera?»

Questa lettera è una lunga, minuziosa analisi della gelosia maschile. Ed è intrisa di senso di inferiorità: basta pensare alla «lettura» che dà dell'invito a casa o dell'invidia per l'appartamento in centro! Eppure, io credo che sia proprio questo il problema: l'uomo che scrive non sa vivere «normalmente» la sua gelosia. Certo, il comportamento dello psicologo «rivale» è molto ambiguo, ma anche quello della sua ragazza lo è. Ritengo che quest'uomo tormentato, e insicuro, dovrebbe riuscire a dire, sinceramente, la sua gelosia: raccontarla a lei, senza filtrarla, senza analizzarla, senza imbrigliarla. Se lei capisce e lo ama, deciderà di non rivedere più l'altro: è un flirt senza importanza ma pericoloso, per il dolore che infligge al suo fidanzato. Se lei invece banalizza e continua il gioco di seduzione, potrebbe essere un campanello d'allarme per la coppia. Certo, forse lei vuole rivedere le regole, cambiare la loro coppia da «chiusa» a «semiaperta», ma è una decisione presa univocamente da lei, non da lui.

Questo mi ricorda una storia di vent'anni fa, che mi fece molta impressione. Una psicologa sposata con un dentista aveva deciso di seguire l'onda della rivoluzione sessuale e di sperimentare la coppia aperta. Lui, pur non convinto, la seguì, perché non «poteva» essere geloso, in quanto la gelosia era un sentimento borghese. Per sei mesi, ogni mercoledì sera lei riceveva la visita di un uomo che veniva da lontano, e lui usciva con gli amici. Finché lessi sul giornale che lui era stato investito da un treno. Aveva lasciato una lettera alla moglie, dicendo che l'amava più di ogni altra cosa al mondo, ma che ogni mercoledì soffriva le pene dell'inferno. Per rimanere nel suo cuore, si era suicidato.

Uomini violentemente gelosi

Gelosia e violenza: un binomio, purtroppo, pericoloso. Abbiamo già parlato delle violenze sociali (per esempio l'infibulazione, nel capitolo II) e tratteremo più avanti delle violenze criminose (nel capitolo VIII). Qui invece m'interessa parlare delle piccole violenze quotidiane che certi gelosi praticano.

Per esempio Pietro, 55 anni, che è sempre stato geloso in modo patologico della moglie Eleonora, 46 anni. Ha voluto tre figli, uno dopo l'altro, perché lei non avesse nemmeno il tempo di guardare un altro uomo, o di cadere in tentazione, come dice lui. Le chiedeva un resoconto dettagliato di come passava le giornate: dove andava, a che ora aveva fissato l'appuntamento con il pediatra... Poi i bambini sono cresciuti, e lei aveva deciso di accompagnarli a scuola ogni mattina, in autobus, ma lui si è opposto: temeva che qualcuno, nella folla, la sfiorasse, la toccasse... Quando ha deciso di ricominciare a lavorare, Eleonora ha rischiato il divorzio.

Lui minimizza e dice che è tutto passato. Però controlla come si veste la moglie per andare in ufficio ed è convinto che lei non l'ami più, anzi si sente vittima di immaginari raggiri. Credo che la sua gelosia stia diventando paranoia. Se fosse per lui, farebbe indossare a Eleonora il chador. E quando parla di politica al bar, elogia la cultura islamica, che tiene la donna nascosta dietro un impenetrabile velo.

A volte è la gelosia reciproca che scatena la violenza. Penso a un caso di cronaca: la storia di Kaspar Capparoni, giovane attore romano che è stato arrestato una sera a teatro, mentre recitava in *Metti, una sera a cena...* Cos'era successo, secondo le ricostruzioni dei giornalisti? Lui aveva litigato con la moglie, perché aveva ricevuto dei messaggi compromettenti sul cellulare. Dopo urla e schiaffi, l'attore l'avrebbe chiusa in casa, per andare a teatro. Allora lei ha telefonato ai carabinieri, che l'hanno liberata e accompagnata al pronto soccorso. Poi sono andati a teatro per arrestarlo.

Ci sono uomini che pensano sia loro diritto controllare la moglie con tutti i mezzi. In altri la gelosia fa emergere la violenza in modo primitivo, quando si sentono attaccati o sono in torto.

Uomini gelosi. O forse gay?

E se dietro la gelosia ci fosse una latente, inconfessata omosessualità? È questa l'ipotesi freudiana principale.[7] Del resto, anche La Rochefoucauld diceva che «la gelosia non è amore»: forse è l'attrazione per l'altro uomo che penetra nell'intimità di una coppia.

Mi spiego meglio con la storia di Antonio, 35 anni. È sposato con Alba, che è medico e ha una «buona amicizia» con Vittorio, con il quale divide l'ambulatorio. La loro è una relazione puramente professionale e amichevole, ma Antonio non la sopporta. È ossessionato dalla gelosia: vede storie d'amore anche dove non ci sono. Ultimamente si trova in difficoltà con il lavoro: è dunque in una situazione di debolezza che comincia a essere geloso. Quando Alba gli dice che farà tardi, che ha ancora qualche paziente da visitare, lui la immagina tra le braccia di Vittorio. Anzi, è Vittorio l'oggetto di tutte le sue fantasie, della sua attenzione, benché lui non lo ammetta. Come quegli uomini attirati dai film porno che non guardano le performance della donna, ma il maschio che è in scena.

La maggior parte di queste pulsioni omosessuali sono inconsce e, secondo Freud, vengono proiettate sull'altro, scatenando la paranoia.[8]

E quindi, proprio perché in genere queste fascinazioni vagamente omosessuali non vengono dichiarate, mi ha colpito l'ultimo racconto dello scrittore israeliano David Grossmann.[9] Il protagonista è Shaul, un uomo non più giovane che racconta con coinvolgimento totale il tradimento della moglie Elisheva. Shaul è geloso, ma anche ammaliato: da entrambi. Dalla moglie e dal rivale. «Forse la gelosia è il modo di Shaul di amare la sua donna, forse non la può amare nel modo consueto, ha bisogno della mediazione dell'altro uomo» ha detto Grossmann in un'intervista.[10] «Troppo contorto? Ma è proprio la natura delle ossessioni... Se a Shaul togli la gelosia, che ne rimane? Nulla. È un uomo noioso, arido; la gelosia diventa l'accento della sua vita, il fuoco che gl'infiamma l'anima.»

Di segno diverso, invece, è la storia di Davide, 40 anni, un uomo dai modi delicati, quasi effeminati. Ha sposato un'artista straniera, una donna molto autoritaria e autonoma, che gira il mondo con le sue «installazioni» video. Dopo cinque anni di matrimonio è geloso del suo successo e degli uomini che lei frequenta per lavoro. Davide preferisce la compagnia degli uomini ed è contento di avere due figli maschi; insomma, pur rimanendo nella normalità, preferisce «l'atmosfera maschile». Però questa tendenza l'attribuisce – con veri e propri attacchi di gelosia – alla moglie.

Del resto, anche gli psicoanalisti sostengono che gli uomini che *devono* sedurre molte donne, lo fanno per ricacciare nell'inconscio le pulsioni omosessuali che vengono in superficie.

Nel film cult di Ingmar Bergman, *Scene da un matrimonio*,[11] la coppia formata da Marianne e Johan si rompe perché Johan è innamorato di una giovane collega. Qualche mese dopo, quando i due s'incontrano per firmare le carte del divorzio, Marianne racconta che ha superato la sua sofferenza, che c'è un nuovo uomo nella sua vita, e che lo deve raggiungere quella sera stessa. Johan vuole sapere tutto di quell'uomo e poi la scena termina... a cazzotti. Non so che cosa ci sia dietro: è la pulsione omosessuale sottostante o la «sindrome dell'harem» che determina lo scatto di Johan?

Uomini che sublimano la gelosia

Molti uomini gelosi non agiscono, ma pensano, parlano, scrivono.

C'è per esempio chi si prende in giro da solo, e sfrutta, senza rendersene conto, la scarsa autostima per evitare di mettersi in competizione con gli altri uomini. Lo psicologo Phil Mollon[12] racconta di un uomo masochista, che faceva dell'autoironia anche sulla propria possessività sentimentale. Durante l'analisi emerse che questo modo di tirarsi fuori del conflitto nascondeva in realtà una fantasia: essere un uomo superlativo, quello dal massimo successo, con la donna più bella.

Così un mio conoscente, amante del golf, diceva in maniera ironica: per fortuna mia moglie ha un amante, così posso andare a giocare più spesso!

C'è poi chi scrive, pubblica poesie o romanzi. E magari vela la gelosia di romanticismo, come l'amico Romano Battaglia,[13] che disse di una giovane donna: «Sei stata come un vento di primavera, che è venuto a sconvolgere le foglie del mio giardino».

V

Infedeltà e gelosie nella coppia

Nel capitolo precedente abbiamo detto che nell'infedeltà si è verificata una vera e propria inversione di tendenza. Lo scenario non è più (o almeno non è solo) quello di uomini astuti che, come falchi, sono sempre pronti a sedurre e circuire le ingenue colombe.[1] Oggi pare che vi siano sempre più donne «traditrici»: i sondaggi dicono che «il tradimento è donna» e le voci «rimorso» o «senso di colpa» sono quasi scomparse dal lessico erotico femminile. Penso che la ragione sia da ricercare nel fatto che molti dei vecchi pregiudizi e timori si sono dissolti.

Le donne di oggi sono più consapevoli e audaci, non si vogliono più rassegnare a un matrimonio grigio, si concedono il diritto al piacere, al batticuore, all'erotismo. In ogni caso, il fenomeno è in crescita. Lo confermano i sondaggi, come quello recentissimo del «New York Post», secondo il quale 9 donne su 10, tra quelle che tradiscono il marito, hanno dichiarato di non nutrire alcun senso di colpa.[2] Cos'altro ci rivela questa ricerca, effettuata su un campione di newyorchesi tra i 25 e i 50 anni? Che 6 intervistate su 10 hanno confessato di avere tradito il compagno almeno una volta; 3 hanno una storia parallela o delle avventure, sebbene non intendano rinunciare a quello che definiscono un «matrimonio felice»; 6 dicono che con l'amante il sesso è un'altra cosa; solo 2 hanno intenzione di lasciare il marito per andare a vivere con il nuovo compagno.

Un fenomeno americano? Non proprio, visto che anche i giornali femminili italiani, da sempre specchio sincero dei mutamenti e dei turbamenti delle donne, ultimamente ospitano lettere di traditrici. Senza sensi di colpa. Una in particolare, pubblicata nella posta di «Grazia», è un «manifesto» fin dal titolo: *Tradimento, senza pentimento.*[3] È Carol che si confessa, in risposta a un'altra traditrice. E scrive: «Leggendo la tua storia di "traditrice" felice di tradire, sembrava quasi di leggermi. Sto vivendo anch'io, da qualche mese, la tua stessa situazione... Sono incredula per due motivi: primo perché ho 48 anni e in ventidue di matrimonio, non sempre felice, non mi era mai saltato in mente di poter "tradire" (e lo metto fra virgolette) mio marito, il padre dei miei figli. Eppure l'ho fatto, lo sto facendo. E non mi pento di amare un altro uomo. Perché è bellissimo riprovare emozioni dimenticate: e questo è l'altro motivo per cui sono incredula. Stupita. Perché tanta gioia dovrebbe capitare proprio a me?».

Se sono sempre di più – e lo sono – le donne come Carol, che tradiscono il proprio marito senza pentimento, anzi con un senso di gratitudine per quanto la vita ha ancora da offrire, per quanto il destino riesce ancora a stupirle, qual è la situazione della coppia contemporanea?

Risponde, con lucidità e forse una punta di amarezza, lo scrittore americano Richard Ford: nel suo libro di racconti[4] ci sono donne e uomini delusi dal ménage matrimoniale e tentati dall'ignoto, dal brivido dell'avventura extraconiugale. Donne e uomini, quindi i partner tradiscono entrambi, e senza essere tormentati dai sensi di colpa. Ma, semmai, dalla gelosia. È come se ogni coppia organizzasse il proprio modo di vivere (e sopravvivere). È come se, in questo arcipelago di conoscenze più o meno intime, ogni coppia organizzasse un proprio modo di vivere (e sopravvivere).

Secondo Laura Laurenzi, che ha analizzato molte storie di tradimenti celebri nel volume *Infedeli*,[5] la monogamia è solo una convenzione sociale: l'autrice racconta gli amori di Maria Callas, adultera abbandonata e disperata, ma anche quelli di Charlie Chaplin, Yves Montand e Peggy Guggenheim, l'eccentrica ereditiera americana che ha lasciato una favolosa collezione d'arte nella sua casa veneziana... Tutte storie di grandi personaggi che non seppero sottrarsi al richiamo del tradimento. Fedeltà come convenzione sociale, dunque, perché la monogamia è solo un mito. È quello che sostengono gli psicologi David Barash e la moglie Judith Lipton,[6] i quali poi si chiedono: se in natura la poligamia è la norma e la monogamia l'eccezione, come mai la civiltà occidentale – e cristiana – ha privilegiato quest'ultima, ponendo un veto all'istinto?

Di parere opposto, invece, è lo psichiatra americano Frank Pittman,[7] secondo il quale molto più grave dell'adulterio è l'infedeltà, in quanto è il tradimento di un accordo implicito ed esplicito all'interno della coppia. A essere minata è soprattutto l'intimità, la condivisione di esperienze, di modi di vedere e sentire la realtà. «Perché rischiare tanto per così poco?» si domanda, e rovescia il modo tradizionale di considerare le infedeltà. Infatti, mentre in genere si pensa che il tradimento nasca da una relazione che non funziona, Pittman ritiene che sia una relazione che non funziona a essere strutturata sull'infedeltà.

Anche il sociologo Francesco Alberoni, grande «esperto» dell'innamoramento, critica questo gusto del nuovo, della diversità, della sfrenatezza, come una spinta primordiale e irrazionale. Il vero innamoramento è monogamo, dice Alberoni. Anche se la relazione è iniziata con un colpo di fulmine, o in chat, diventa per natura esclusiva, senza che questo comporti alcun sforzo.[8]

Qui, però, quello che più m'interessa non è definire le ragioni sociali o religiose della monogamia, ma verificare come si destreggiano le persone che vivono un arcipelago di relazioni sentimentali, in particolare nei confronti della gelosia. Perciò cerchiamo di capire come sono strutturate queste coppie che stanno «troppo bene per partire, ma non abbastanza per restare».[9]

Le coppie «aggrappate»

Chi si aggrappa a chi? In genere erano le mogli a restare legatissime, quasi incollate, a un marito (il loro), perché il masochismo personale, le condizioni sociali e forse il desiderio di tenere insieme la famiglia erano più forti della rabbia per il tradimento. Però, ultimamente, sono molti gli uomini che, pur dicendo di amare la moglie, in realtà non fanno altro che ubbidire alla «sindrome da aggrappamento», descritta – come abbiamo già detto – dallo psicoanalista ungherese Imre Hermann. Una sindrome che tutti abbiamo vissuto nell'infanzia, quando il bambino si aggrappa al corpo della madre, perché non è ancora autonomo e lì trova sicurezza e tranquillità.

Fabio, 40 anni, è un uomo che tende alla passività, e sospetto che ogni tanto scivoli in atti di autosabotaggio. È intelligente, ma al liceo è stato bocciato due volte; ha studiato Belle Arti, ma non è riuscito ad avere successo come artista. Due anni fa ha incontrato una ragazza, Alicia, che per lui ha lasciato il fidanzato; è andata a vivere con lui, e questo gli dava molto coraggio. Però nel giro di un anno lei ha cominciato a sentirsi soffocare, ed è tornata con il suo ex. Fabio da allora è depresso; parlando con lui, si capisce che si era aggrappato ad Alicia come l'edera è abbarbicata agli alberi. La solitudine per Fabio non è un momento di riflessione o di meditazione, perché ha una scarsa autostima. Vivere da solo, mi ripete, è una non-vita. Quindi si rifiuta di definirsi single: dice che è un'etichetta falsa, fintamente glamour. Lui non è «single», è «solo», senza Alicia.

Un altro «uomo aggrappato» è Giorgio, 65 anni, che è appena andato in pensione e ha una nuova compagna, Francesca, di quindici anni più giovane di lui. Giorgio la ama molto, la circonda di attenzioni, le scrive poesie, mentre lei, che è farmacista ed è una donna pratica, razionale, dice che c'è un tempo per sognare e uno per agire. Giorgio fa spesso l'amore con lei, non perché ne abbia voglia, ma perché teme che Francesca, senza la sua dose di sesso, lo lasci. È quindi una possibile gelosia – o meglio, la paura dell'abbandono – che guida il suo erotismo. Purtroppo, però, spesso Giorgio prende l'iniziativa nel momento sbagliato, quando lei ha fretta o è preoccupata. È un uomo romantico, e le sue poesie sono sincere e toccanti, ma non è un buon seduttore, perché non tiene conto dei tempi e dei bisogni della compagna. Ed è la sua sindrome da aggrappamento a farlo agire in maniera impulsiva.

Anche Mario ha 65 anni ed è un dirigente molto apprezzato nell'ambiente di lavoro. Ha avuto una storia con la migliore amica della moglie, quando quest'ultima si è recata all'estero per curare una forma di enfisema. Lui, molto legato alla consorte, si è come sentito perso. Si è rifugiato, quindi, un po' vigliaccamente, tra le braccia della donna che vedeva più spesso (e che, è ovvio, gli era sempre piaciuta). Io credo, però, che dietro questo tradimento non ci sia il sesso (e infatti, quando la moglie è tornata, lui ha interrotto subito la relazione e si è riavvicinato a lei, anche eroticamente), ma la sindrome da aggrappamento: Mario aveva paura che la moglie morisse e lo lasciasse solo. Sul lavoro è un uomo forte, determinato, ma nei legami affettivi è molto fragile. Si è fatto strada, nella vita, grazie alla forza di volontà, ma dal punto di vista sentimentale ha commesso degli errori. Come questo, che la moglie – ferita, arrabbiata e gelosa – gli sta facendo pagare.

Molte delle coppie che abbiamo sempre chiamato «fusionali» erano in realtà soggette alla sindrome da aggrappamento. Quando non c'è un evento esterno che modifica la loro vita, non si rendono conto di questa dinamica interna e segreta. Ma fanno spesso confusione tra simbiosi e intimità.

L'uomo narciso e la donna sottomessa

Quante ne abbiamo viste, nella generazione precedente, di coppie di questo tipo, fino a venti o trent'anni fa! Coppie in cui l'uomo si affermava, e faceva carriera, anche grazie all'energia e alla dedizione della moglie. E oggi?

Oggi ci sono donne che s'innamorano di uomini che non manifestano mai dubbi e sono dotati di un sentimento di superiorità (apparente). In questi uomini ogni obiezione è pregiudizialmente accantonata, poiché hanno una visione monolitica della realtà. Nutrono molta fiducia in se stessi e credono fermamente in un'ideologia politica o religiosa. Sono persuasi di aver trovato una chiave che apra tutte le porte, che offra la soluzione ai problemi della vita. Sto parlando dei «fanatici»: uomini ben costruiti nella sfera pubblica, ma negletti in quella privata. I fanatici sanno fare molti danni in amore. All'inizio della storia sono felici, caricati dall'energia di chi si sente in possesso della verità, ma restano tali solo finché rimangono nel loro «sistema narcisistico», nella visione eccessiva della loro vita. E certe donne sono «utilizzate» sentimentalmente affinché il sistema narcisistico del compagno rimanga in piedi. Ho avuto in terapia un politico che lottava contro la depressione. Voleva che gli dicessi che la sua illusione politica, per la quale aveva mentito e rubato, era – o almeno era stata – autentica, vera. Molte donne sono costrette a questo ruolo: devono sostenere l'ultima illusione del partner, altrimenti va in depressione.

Come mai, però, alcune donne, in un'epoca in cui i principi femministi sono realtà, e non più terreno di scontro, continuano a essere «flashate» da uomini che, di fatto, sono privi di carisma? Probabilmente perché non hanno fiducia in se stesse, per cui la verità e la felicità devono venire dall'Altro, da qualcuno o qualcosa di esterno. Donne dipendenti: alcune cadono preda di sette religiose o pseudotali, altre di uomini che agiscono con meccanismi analoghi a quelli delle sette, anche nella vita di coppia.

Le coppie basate sulla complicità tra un narciso e una donna sottomessa possono durare a lungo. Soprattutto se lei ha una scarsa autostima, se esiste un «capro espiatorio esterno» che permette di dare la colpa degli sbagli a qualcun altro, di «mettere» quindi gli errori al di fuori della coppia, oppure se uno dei partner partecipa attivamente a un movimento politico o religioso, che serve a contenere il meccanismo fanatico individuale.

In fondo è la storia di Anna, che ha 50 anni e viene a chiedere aiuto. È molto, molto arrabbiata con quelli che lei chiama «gli uomini di bella presenza». Dice che dietro la facciata si nasconde sempre una delusione, e il perché lo capisco quasi subito... È sposata da ventisei anni con Antonio, un bell'uomo, quello che io definirei un «sempreverde»; è molto attento al suo aspetto fisico e mantiene scattanti muscoli e autostima andando in palestra tre ore al giorno. Antonio, in realtà, dietro questa facciata sportiva nasconde una tendenza omosessuale. Per avere un'erezione con la moglie è costretto a utilizzare dei farmaci. La sua autostima è paragonabile a una noce: ha sviluppato un guscio duro, ma dentro nasconde un gheriglio friabile e tenero. Antonio, come tutti i narcisi, compie gesta temerarie più che coraggiose, tentando di dimostrare agli altri, e alla compagna, la propria virilità. Oltre alla palestra, adesso si è messo in testa di voler provare il brivido degli sport estremi; ha sperimentato qualche volta il *bungee jumping* (lanciarsi da un ponte legati a un cavo elastico), e adesso vuole tentare il volo con il parapendio. Tutte le sue azioni, generalmente eccessive, sono al servizio del proprio narcisismo. Non dimentichiamo che il narciso per eccellenza non instaura vere relazioni, ma «utilizza» gli altri come specchio della propria immagine. Naturalmente Antonio sembra essere del tutto impermeabile alle critiche e, anche nella coppia, non si è mai messo in discussione, attribuendo la responsabilità dei suoi problemi sessuali ad Anna. In più, come tutti i «gonfiati», è un vero paternalista, soprattutto nei confronti del figlio maschio. Insomma, il minimo comune denominatore delle coppie in cui c'è una forma di narcisismo è l'uomo, che rifiuta di mettersi in causa, per non svelare la debolezza di un'autostima gonfiata. Antonio, purtroppo, ha avuto dei genitori quasi anaffettivi, e per conquistarsi la loro attenzione e la loro stima ha dovuto fare degli sforzi eccessivi rispetto alla sua personalità di adolescente. In altri casi i genitori hanno un'autostima instabile e trasmettono questo modello, oppure nutrono aspettative esagerate rispetto alle capacità e alle caratteristiche dei figli.

Cosa può fare una donna con un uomo così? Nel caso di Anna, rivolgersi a uno specialista. Da sola, per una terapia individuale. Così facendo, Anna ha capito che la crisi del loro matrimonio non nasceva da lei. Era diventata sospettosa, pensava che il marito, in palestra, avesse un flirt con una ragazza più giovane... Ma la sua gelosia era senza motivo. Solo in terapia Anna ha capito di essere complice del marito nella sua disfunzionalità: estremamente comprensiva, continuava a proteggerlo da tutto, persino dalla sua stessa delusione. Fingeva addirittura il piacere durante i rapporti sessuali: non aveva il coraggio di dirgli che non provava niente. È stato fondamentale, per lei, ricostruire la propria autostima, per essere libera di decidere se riconquistare il marito oppure lasciarlo andare.

L'importante è, dunque, agire e smettere di accettare passivamente un ulteriore insabbiamento, anche quando l'uomo nega la realtà.

Curiosamente, anche le altre due donne «insabbiate» con mariti narcisi si chiamano Anna. Ecco la storia della seconda, che ha 55 anni e ama ancora disperatamente il marito, Saverio, 59 anni, il quale ha invece perso la testa per una rumena che lavora in un bar vicino al suo ufficio. Anna si trova davanti a due problemi: il primo è che Saverio nega, il secondo è che lui vorrebbe con l'amante un legame simile a quello coniugale. Ma ha scelto la donna sbagliata, perché la bella rumena è molto seduttiva, e lui non è l'unico cliente «agganciato» dai suoi sorrisi. Dopo qualche mese Saverio ammette: è vero, si è innamorato. Vuole andare in pensione e con i soldi della liquidazione aprire un locale insieme alla bella barista. Ovviamente l'idea è della ragazza. E io, cosa ne penso? È piuttosto frequente vedere uomini di mezz'età perdere la testa per ragazze più giovani e, in genere, per motivi prettamente erotici. Succede anche ai giorni nostri, benché oggi il sesso sia abbastanza distinto dal cuore. Quello che mi sorprende, in questa situazione, è che Saverio si sia illuso di avere trovato una donna con cui vivere tranquillamente gli anni della pensione, mentre a lei penso interessino soprattutto i soldi della liquidazione. A questo punto l'unica via d'uscita è che un amico di famiglia, rispettato e ascoltato da Saverio, gli parli con sincerità: perché sta rischiando d'essere preso in giro in amore, di distruggere un matrimonio che ha più di trent'anni e di veder sfumare i soldi della liquidazione. Non vedo altre soluzioni, perché lui non ha nessuna intenzione di mettersi in discussione.

Infine, ecco la storia della «terza» Anna. Da adolescente aveva sperimentato dei giochi erotici con il fratello. Un episodio ambiguo, che aveva rimosso, sepolto nella coscienza, e il cui ricordo bastava a farla sentire «sporca». Questo, però, ha finito ugualmente per condizionarle la vita, perché Anna si è lasciata «imprigionare» da un uomo che la sfruttava affettivamente e con cui conduceva una vita orribile. Lui non teneva conto né dei suoi desideri né dei suoi bisogni, tanto sul piano sentimentale e sessuale quanto nella vita d'ogni giorno. Esisteva solo lui: lui e il suo narcisismo. Ebbene, Anna pensava che fosse giusto così. Soffocava i suoi desideri, i suoi sogni e la sua gelosia (lui corteggiava spudoratamente tutte le donne che gli capitavano a tiro) perché pensava che fosse l'unico modo per scontare gli «errori» del passato.

Ecco, la psicoterapia serve appunto a questo: a superare i sensi di colpa che rendono prigionieri del passato e, quindi, non consentono di immaginare un futuro più roseo.

L'uomo geloso e «tradizionale»

Cosa succede quando un uomo geloso ha il sogno di una coppia tradizionale? Succede come all'ignara, piacente segretaria di un industriale, che doveva ogni tanto accompagnarlo a Roma per lavoro. Alla vigilia di ogni trasferta professionale, il marito, geloso e decisamente fantasioso, metteva un po' di Dulcolax nel suo dentifricio. Lo scoprimmo all'ospedale, dove lei chiese una visita specialistica, lamentando frequenti e inspiegabili diarree.

A volte la gelosia si esprime soffocando la libertà dell'altro. È capitato a Mira. Ha 25 anni ed è nata in Argentina, dove si è fidanzata con un turista italiano di 30 anni. Si sono conosciuti ballando il tango, di cui lui è un appassionato (ha preso lezioni per anni). Così, quando a Buenos Aires, sulle note struggenti di Astor Piazzolla, ha preso fra le braccia questa bella ragazza sensuale, sempre vestita di rosso e nero, per lui è stato come se si realizzasse un sogno. Si è perdutamente innamorato, l'ha fatta venire in Italia per sposarla, l'ha presentata alla madre e poi l'ha praticamente segregata in casa. Uscivano solo per le serate di tango, ma ogni volta era un incubo. Lui non voleva che lei danzasse con nessun altro, le faceva scenate per i tacchi troppo alti o per gli abiti troppo attillati, non voleva che gli altri uomini la guardassero. Finché Mira, stanca di questa gelosia ingiustificata, se ne è tornata in Argentina, lasciando il fidanzato alle cure amorevoli della mamma.

Renata, invece, ha 26 anni. Lavora come commessa nel negozio di una prestigiosa stilista milanese, ha lunghi capelli neri e lisci, e assomiglia un po' a Penélope Cruz. Per tre anni è stata l'amante di un uomo sposato, che – da amante – era passionale e generoso. Poi lui ha lasciato la moglie e sono andati a vivere insieme. Ed è cambiato. Vuole che Renata smetta di lavorare; dice che la manterrà lui, che non hanno certo bisogno di un secondo stipendio, e che comunque guadagna così poco... Renata ribatte che a lei il suo lavoro piace. Allora lui diventa sprezzante, quasi aggressivo, cerca di dimostrarle che il suo lavoro da commessa non conta niente. Le chiede se è in negozio che spera d'incontrare un uomo più ricco, più avvenente. Infatti si sono conosciuti perché lui cercava un regalo per la moglie... Poi, durante queste inedite scenate di gelosia, si accorge di aver esagerato, così cambia tono e sostiene che in realtà gli piacerebbe avere un figlio con lei, e a quel punto non ha davvero senso che lei continui a lavorare... In realtà, lui vuole solo una cosa: che lei diventi un suo esclusivo possesso. Ma Renata comincia a sentirsi soffocare.

Cosa può fare? Innanzitutto, Renata deve capire, magari anche parlandone con lui, se quest'uomo vuole ripetere con lei il modello coniugale che aveva con la moglie, o se è disponibile a esplorare nuovi modi di convivenza. A prima vista ne dubito. Renata è autonoma, sveglia, e ha tutta la vita davanti a sé. Secondo me, non deve assolutamente lasciare il lavoro e rinunciare all'indipendenza economica. Speriamo che la prossima volta detti più in fretta le sue condizioni e non si faccia imporre subdolamente quelle altrui. La vita di coppia richiede, è vero, continui compromessi, ma non si può, sotto pena d'infelicità, accettare tutte le regole imposte dall'altro.

Viceversa, Marina mi ha scritto una lunga lettera chiedendomi un parere sulla sua storia. Mi racconta di Sandro, il suo antico amante, che lei ha lasciato perché non si decideva a separarsi dalla moglie. Ora, trent'anni dopo, è ritornato alla carica. Però, mentre a venticinque anni era un amante focoso, ora ha problemi di erezione, perché pensa che «le cose che prima facevi con me, le hai fatte, dopo, con altri uomini». Insomma, ha una gelosia sessuale retrospettiva, come se volesse cancellare tutti gli anni in cui Marina ha vissuto, e amato, senza di lui.

Una gelosia istintiva, quasi di possesso, che si ritrova anche nelle biografie dei personaggi più celebri. Penso a Fëdor Dostoevskij e al suo amore per Apollinarija: lo scrittore russo rimase di stucco quando giunse a Parigi in ritardo di una settimana, e lei, che avrebbe dovuto aspettarlo, si era innamorata di un giovane spagnolo di nome Salvador. Apollinarija era più giovane di vent'anni e Dostoevskij la descrisse nel romanzo *L'idiota*, sotto il nome di Nastasja, donna infernale capace di suscitare sentimenti intensi d'odio e amore. Le propose comunque di fare un viaggio in Italia, durante il quale si attenne al ruolo di amico fraterno e spostò tutta la sua libido nel gioco d'azzardo. Il ruolo di Apollinarija[10] rimase importante anche dopo la separazione della coppia, perché la seconda moglie di Fëdor, Anne Snitkina, devota e innamorata, ebbe sempre sentimenti di gelosia verso l'ex amante del marito.

Dostoevskij, grande scrittore, uomo acutissimo, non capiva nulla delle donne, però i sentimenti che viveva nutrivano i suoi romanzi. Questa è la dimostrazione di quanto sia la gelosia sia l'amore partano dal cuore, dal centro segreto e pulsante del nostro essere, e non dal cervello, dalla razionalità.

È quello che sostiene il filosofo francese Gaston Bachelard:[11] esistono due fuochi molto diversi, quello provocato dalla folgore e quello dell'accendino, che puoi accendere o spegnere quando vuoi. Chiaramente la comparsa della gelosia in molti casi assomiglia alla folgore: appare in un lampo, dopo un evento o una scoperta, e può bruciare e danneggiare fortemente la relazione di coppia.

Le coppie «di facciata»

A volte la gelosia incrina quella che è una «coppia di facciata», come nel caso di Leila e Biagio. Sono due pensionati di 68 e 70 anni, da sempre uniti sia nella vita privata che sociale. Cos'è successo? Un inaspettato tentativo di suicidio di Leila ha messo in evidenza quanto, da circa dieci anni, lei sia depressa. Beve, di nascosto, e ultimamente passa parecchie ore della giornata al casinò (vivono infatti vicino a una famosa casa da gioco), dove sperpera la maggior parte della pensione del marito. Tutto è cominciato da quando il figlio, che si era recato in Sudamerica per lavoro, non aveva più dato notizie per parecchie settimane. Leila, per natura ansiosa, era convinta che fosse stato rapito dai guerriglieri. Lì è nata un'ansia che non l'ha più abbandonata. Leila e Biagio sono una coppia di emigranti, uniti dalla volontà di riuscire. Quando sono arrivati in Svizzera non avevano una lira; hanno lavorato, risparmiato, senza mai fermarsi, all'interno ovviamente di ruoli molto rigidi. Lei «dirigeva» il territorio della casa e Biagio quello del lavoro. Come capomastro dava una serie di direttive su quello che era giusto fare o non fare, e ciò con notevole orgoglio e senza troppi dubbi. Il pensionamento gli ha sottratto il posto nella plancia di comando. Da quando ha cominciato a passare molto più tempo a casa, le liti sono aumentate, perché Leila, invece di sentirsi meno sola, si è sentita più controllata nelle sue fughe al casinò. Anche lui gioca, molto più banalmente al Superenalotto, perché vorrebbe realizzare il sogno di comprarsi una casa. È quindi furioso quando Leila, con un comportamento di evidente sabotaggio, finisce per spendere al gioco i soldi della pensione. Per di più ha un sospetto di gelosia: sostiene che Leila è stata irretita da un croupier, che la attira lì con sorrisi e false promesse.

Cosa fare con questa coppia di 70 anni, che ha ben funzionato finché c'era un obiettivo comune da raggiungere e un nemico da vincere, ma che poi si è svuotata di energia perché ha continuato a vivere di ruoli rigidi e non di scambi autentici? Un tentativo di discussione sul perché il loro rapporto si è deteriorato, è miseramente fallito. Questo perché Biagio non si mette in gioco; si è irrigidito con la storia del croupier e viene in terapia solo per aiutare la moglie a curarsi e a giocare di meno. Non si domanda come mai Leila abbia tentato il suicidio; non si chiede se dipenda dalla rigidità e dal vuoto della loro attuale vita di coppia. Resta la possibilità di occuparsi di lei e della sua profonda depressione, che probabilmente è iniziata anni fa e ora si accentua, dato che vi sono sempre meno progetti. Forse non è troppo tardi per aiutarla a raggiungere una vita più autentica, dato che quella di facciata era così vuota da dover essere riempita dall'alcol.

Anche Vincenzina, 40 anni, fa parte da dodici anni di una coppia di facciata, però lei se n'è accorta e ha cercato di adattare il proprio comportamento alla situazione. Vive con un divorziato, un uomo freddo, poco sensibile, indifferente sia dal punto di vista sentimentale che sessuale. In un primo tempo Vincenzina pensava che lui fosse arido per carattere, e quindi ha cercato di vedere il lato buono delle cose, dicendosi che così non si sarebbe mai innamorato di un'altra. E invece lui un giorno le confessò che aveva da due anni una relazione con una donna sposata, più giovane, ma che ora lei aveva troncato la storia, perché voleva evitare scandali e tenere unita la famiglia. La Sardegna, dove vive Vincenzina, corrisponde all'America descritta da John Updike,[12] dove la facciata è salva, ma dietro si agitano rancori e vendette. Dopo la rivelazione del tradimento, nulla è cambiato: il convivente di Vincenzina con lei continua a essere insensibile, mentre cerca con cattiveria di mettere in pericolo l'altra coppia. Anche Vincenzina, ora, è dominata dal rancore. Non vuole lasciare quest'uomo, perché teme – alla sua età – di non riuscire a trovarne un altro, nella cittadina di provincia dove abita; però si sente gelosa dell'altra donna, soprattutto dal punto di vista sessuale. Si considerava una grande amatrice e seduttrice, mentre ora il tradimento del partner la fa sentire inadeguata.

Quindi, in questa coppia di facciata, la gelosia, così come il rancore, emergono bruscamente, come quando, in un cielo azzurro, scoppia inaspettato un temporale.

Ma cosa succede quando è un malinteso di comunicazione a creare una gelosia immotivata? Mi torna in mente un episodio a cui ho assistito in Brasile. Ero a Rio de Janeiro, per lavoro. Ho conosciuto una coppia brasiliana, Marcela e José. Eravamo in un locale molto grande, dove si ballava e si beveva, insieme a un gruppo di giornalisti italiani. José si è messo a chiacchierare con uno di loro, e a un certo punto della serata si sono spostati in un angolo del locale, per continuare a bere e parlare in pace, mentre Marcela ballava. Si è fatto tardi, e lei è andata a casa. Probabilmente José, ubriaco, si è addormentato, ma lei, non vedendolo tornare fino al mattino, ha immaginato una storia gay con il giornalista italiano, e per una settimana ha rifiutato di parlargli. Non gli ha neppure aperto la porta, gli ha urlato di andare a dormire da amici. E José, assolutamente eterosessuale, non sapeva più come cancellare il sospetto...

Diversa la storia di una donna disperata, che si firma «Otella», e mi racconta di aver scoperto che il suo fidanzato è bisessuale. Mi scrive: «Vivo con un uomo meraviglioso, che fino a un anno fa credevo perfetto.

«Ma la mia natura sospettosa e diffidente mi ha sempre fatto pensare che il troppo perfetto nasconde sempre qualcosa... E così è stato. Un giorno, in un suo cd-rom, trovo delle log di chat, e lì ho scoperto la sua vera natura: ho capito che chattava con altri uomini, dichiarandosi apertamente bisex. In quel momento, non scherzo, è come se la terra si fosse aperta sotto i miei piedi: da allora sono sprofondata in un incubo, e non ne sono più uscita. Lui bisessuale? Una simile dichiarazione ti mette con le spalle al muro, e ti fa dubitare di tutto.

«Adesso, infatti, non credo più a nulla: dubito delle sue parole, dei suoi gesti, dei suoi sentimenti; ho il terrore che stia con me per "copertura". E poi continuo a ripensare al passato, a "rileggere" la nostra storia: è come se all'improvviso mi tornassero i conti, come se tante piccole cose si ricomponessero come in un puzzle, e il disegno è sempre quello, la conclusione è sempre quella. Lui è bisessuale, non mi ama. Lui continua a negare, e io impazzisco: lo fa per paura, per vergogna o perché, semplicemente, dice la verità? Ho cominciato a soffrire di attacchi d'ansia. Ma non posso continuare così, è una follia. Anche nell'intimità tutto è cambiato. A letto sono diventata aggressiva, ho l'ossessione di riuscire a possederlo fisicamente, per dargli quel che non posso dargli e che forse lui cerca altrove. E lui? Minaccia di lasciarmi se non la smetto con queste paranoie. E io mi sento schiacciata, sono più insicura che mai, disperata in certi momenti, specie quando lui esce con amici e non so mai se dice il vero, se è con loro o chissà con chi. La mia gelosia adesso è diventata paranoia, la mia vita è uno schifo.

Mi interrogo, mi tormento: cosa vuol dire quel "ti amo" che spesso mi dice? Non so se mi ama davvero; non capisco il suo silenzio. Sento che sto cambiando: sto diventando cattiva, acida; spesso scatto, ho degli attacchi di rabbia e furia, sono arrivata anche a scagliargli addosso degli oggetti, a minacciarlo. Abbiamo provato a lasciarci, ma lontani stiamo male; siamo tornati insieme, ma la mia gelosia cresce sempre di più, le paranoie ormai sono all'ordine del giorno, e lui continua a negare. Non so cosa fare, cerco di stordirmi per non pensarci, ma ogni tanto il pensiero mi assale, all'improvviso, e allora è solo terrore, e sudore freddo, e voglia di farla finita».

Dov'è la verità? Lui è davvero bisessuale, ma nega l'evidenza? Oppure lei è effettivamente troppo gelosa, diffidente, quasi paranoica, e sospetta di qualcosa che non esiste? In ogni caso è una coppia malata: la loro malattia è l'incapacità di comunicare. Dovrebbero lavorare su questo, insieme a un terapeuta: sulla capacità di parlarsi davvero, invece di parlare della gelosia di lei o della bisessualità di lui.

Molte di queste difficoltà di comunicazione sono dovute a malintesi etnici, sempre più frequenti nel mondo attuale, dove è facile innamorarsi e sposare una persona di un'altra nazionalità, un altro Paese, un'altra cultura. E questo, ovviamente, pesa nelle leggi «non scritte» della coppia. E della gelosia.

Penso per esempio a Juanita, una ventiseienne latinoamericana. Sopporta un marito dal carattere difficile, che preferisce passare le serate con gli amici a bere, e poi le dice che questa è la conseguenza della sua poca seduttività. Lei è cresciuta in una cultura in cui la donna che faceva delle avance era considerata poco seria, e quindi aspetta che sia il marito a prendere l'iniziativa. Ma lui è latitante. Perché in realtà è poco attirato dalle donne; non è omosessuale, ma preferisce la compagnia degli uomini. È stato questo aspetto del rapporto di coppia che abbiamo chiarito insieme. Lei aveva voglia di far l'amore con il marito, ma si teneva dentro una gelosia immotivata, amplificata anche dalla sensazione di rifiuto. Juanita si è trasferita da poco in Europa, dove le donne sono e si sentono pari agli uomini, e quindi possono anche fare delle avance, prendere l'iniziativa dal punto di vista sessuale, senza essere mal considerate. Codici di comunicazione diversi, quindi, da quelli ancora vigenti in America latina, dove il macho continua a detenere il controllo del desiderio e della sessualità della coppia.

Le coppie (troppo) complementari

Gelosia o invidia? Nelle coppie simmetriche può capitare che uno dei partner sia invidioso del successo dell'altro, mentre le coppie complementari sono più facilmente gelose.

Gli psicologi dicono che le coppie complementari hanno una vita più lunga di quelle simmetriche, che sono invece, sin dall'inizio, in competizione reciproca. Eppure, quando la complementarità iniziale si accentua, i partner rischiano di non riconoscersi più.

Lo dimostra la storia di Fiona e Carlo. Lei è nata in Irlanda, ha i capelli rossi e un carattere allegro, trascinante; faceva parte di una jazz band e ha girato mezzo mondo. Compiuti i quarant'anni, però, ha sentito il bisogno di stabilità, di sicurezza... Di mettere radici, insomma. Ha quindi sposato un uomo con i piedi per terra, anzi, tra le vette: Carlo, un torinese più giovane di lei. Un uomo riservato, intelligente, che ha sempre vissuto molto isolato, con due grandi passioni: il jazz e la montagna. Carlo è un bravo alpinista, ama l'alta quota, la solitudine, le baite dove si arriva soltanto a piedi. E questo tratto «selvaggio», silenzioso e molto maschile, ha decisamente affascinato Fiona, all'inizio. Una vera coppia complementare: l'irlandese effervescente e l'italiano silenzioso, l'allegria e la riservatezza, uniti dall'amore per il cool jazz e dalla voglia di stabilità. Sono passati vent'anni. Le loro diversità, un tempo perfettamente complementari, si sono accentuate. E adesso Fiona e Carlo vengono in terapia, a chiedere aiuto. Fiona dice che da quasi un anno il marito non la tocca più. Durante la settimana lavora fino a tardi, e il sabato e la domenica scompare per le sue lunghe camminate in montagna. Quando è a casa si trincera dietro un disco di musica jazz, e se lei protesta le dice: ma come, non ti piace più nemmeno la «tua» musica? Fiona ha anche pensato che lui abbia un'altra donna, e che i weekend di trekking siano solo una scusa. Non sa cosa sia peggio, se essere gelosa di una relazione clandestina o gelosa «solo» della montagna... Carlo, tuttavia, anche nel colloquio con me, nega di avere una relazione. Dice di essere soprattutto infastidito dalla moglie che, secondo lui, è troppo caotica: vive in un perpetuo disordine, arriva agli appuntamenti con mezz'ora fissa di ritardo e ha trasformato la casa in un campo di battaglia. Il suo lato bohémien, ammette, all'inizio l'aveva affascinato, ma ora è troppo. Persino la musica, che un tempo li univa, è diventata motivo di astio e discussione: Carlo non sopporta più che Fiona ascolti i cd e li rimetta al posto sbagliato, nella custodia sbagliata, o peggio ancora li lasci in giro per la casa. Sono piccole cose, ammette, che però lo fanno impazzire. Anche Fiona è scontenta. Voleva un marito stabile, ma non soffocante in casa com'è diventato Carlo; e lui voleva una moglie divertente, allegra, ma non disordinata. È come se, dopo essersi incontrati in un territorio comune, Fiona e Carlo avessero imboccato due strade diverse e divergenti; adesso non si riconoscono più, anzi si criticano in continuazione. Fiona dice che il marito non è mai a casa, e se c'è si lamenta; lui dice che preferisce non tornare a casa, perché trova solo disordine e litigi. Hanno pensato al divorzio, ma Carlo rifiuta per problemi economici, sostiene che non possono permetterselo. Fiona invece non vuole separarsi perché non sopporta l'idea di affrontare la solitudine. Nessuno dei due parla d'amore; entrambi rifiutano il divorzio per ragioni esterne, non per ragioni intime, affettive. È evidente che litighino; e continueranno a litigare.

Probabilmente la soluzione che troveranno è di separarsi senza divorziare, cioè di rimanere «separati in casa». Purtroppo, molte coppie restano insieme come Fiona e Carlo, non per ragioni positive o affettive ma per evitare mali peggiori. In questo caso è inevitabile che la casa diventi un nido di vipere, piuttosto che un luogo di domesticità e intimità. Dove tutti i pretesti diventano buoni per litigare, anche la gelosia.

In molte di queste coppie complementari, succede spesso che almeno uno dei partner sia molto possessivo e rimproveri all'altro il «tempo rubato» alla coppia. Mi capita spesso di citare il caso curioso della moglie gelosa... dei pesci. Suo marito, ogni sabato e ogni domenica, si alzava alle sei del mattino e andava a pescare. Lei era arrabbiata e intristita; dopo una settimana di stress e lavoro, avrebbe voluto, almeno il weekend, essere abbracciata e coccolata.

Possessività solo al femminile? Non proprio: ricordo il marito di una campionessa sportiva che si lamentava di dover coordinare il proprio desiderio sessuale con le gare della moglie. Anche se i casi più frequenti sono i più «classici»: le donne che si dichiarano vittime del calcio, perché durante la settimana ci sono le partite di coppa e la domenica quelle di campionato. Sempre più spesso, poi, il pallone viene soppiantato dal computer: è lui, adesso, il grande, odiato rivale. È il laptop, che i mariti portano ovunque, anche in vacanza, per essere sempre «collegati» all'ufficio, o semplicemente a Internet.

Chi si lamenta ha ragione? È giusto protestare perché un pesce, un pallone o un computer «rubano» tempo e attenzioni? A volte sì. Ma più spesso il problema è una diversa visione dell'intimità, di quello che si vuole vivere e condividere.[13] Quando i partner hanno idee troppo diverse sull'intimità a due, nasce la possessività, e a volte la gelosia.

Molte di queste coppie non hanno imparato a dialogare, a essere attente ai bisogni reciproci. E quindi, dopo il matrimonio, scoprono di avere gusti e desideri drammaticamente diversi. L'amore non basta, insomma: che è il titolo del libro di un esperto americano, Aaron Beck.[14] Perché l'amore non basta? Perché, sostiene Beck, che analizza gli atteggiamenti psicologici di chi convive, la coppia entra in crisi soprattutto a causa dei disturbi legati alla comunicazione.

Ti tradisco. E te lo dico?

Dipende. Dipende dalle «regole di coppia», quelle stabilite inconsciamente o no. Dipende anche da come è avvenuta l'infedeltà. Come ripeto sempre, ci sono tradimenti *contro* l'altro, *senza* l'altro o *per* l'altro (e di questo caso, molto interessante dal punto di vista psicologico, parleremo nel prossimo capitolo, dedicato alla gelosia afrodisiaca). Che fare invece negli altri due casi?

Il tradimento *contro* l'altro può avvenire in maniera spudorata, con amici della coppia, proprio per essere scoperti. È il peggior tipo di adulterio, mosso dalla vendetta e non dall'amore. A volte sono storie che rimangono nascoste, perché il traditore (o la traditrice) le vive «dentro» la vendetta, che calma il suo rancore.

Poi ci sono i tradimenti *senza* l'altro. Non è raro, infatti, che alcune coppie si «autorizzino» la libertà sessuale, quando sono al di fuori del territorio famigliare. Questo adulterio extraterritoriale non deve essere rivelato al coniuge (che forse lo immagina), ma soprattutto non deve trapelare nell'ambiente di lavoro e tra amici, altrimenti il partner tradito sarà costretto a reagire, a mostrare la gelosia, come richiede la sua immagine pubblica.

Ma torniamo al dilemma: dire o non dire? A questo punto mi rivolgo alle lettrici, consigliando, quando è possibile, di tacere. E qui mi trovo d'accordo con la posizione interessante di un sacerdote, don Zilli,[15] che, rispondendo ad alcune lettere sulla rivista «Famiglia Cristiana», ha sostenuto che i mariti non sono confessori, e quindi non bisogna mai raccontare le corna. Sono d'accordo non per ragioni morali, ma perché gli uomini legano la propria virilità sociale a quella sessuale. Le donne oggi esprimono la loro femminilità sempre meno attraverso i meccanismi biologici «tradizionali», come le mestruazioni o la gravidanza, basando la loro autostima, invece, su quello che fanno, sui successi professionali o sentimentali. Mentre le donne, quindi, si stanno lentamente «staccando» dalla biologia, gli uomini vi restano molto attaccati. Collegano la virilità sociale alla virilità sessuale: molto, come dire, «precaria», dato che non si può determinare con il raziocinio o con la volontà, che i maschi utilizzano in tutti gli altri campi della vita. Eppure tutti i simboli sociali, lo scettro, l'obelisco, il grattacielo, restano fissati al biologico. Le funzioni legate al pene – vigore, penetrazione, forza – potrebbero invece essere staccate dal loro supporto biologico...

E visto che gli uomini sono così «agganciati» al corpo e alla fisiologia, è fatale che vengano più fortemente messi in crisi da un tradimento. E dall'ansia di prestazione. Per esempio Corrado: ha 38 anni, è sposato da tre, e ha scoperto che la moglie, che si sentiva trascurata, ha avuto un amante. Da allora Corrado è impotente. Continua a paragonarsi all'altro sul piano sessuale, mentre la moglie voleva solo un uomo con cui parlare e che l'ascoltasse, che avesse delle attenzioni per lei...

Com'è cambiata la società, come sono cambiati i sentimenti! Il maschio, un tempo, era il patriarca, che misurava la sua potenza (e la sua forza virile) dal numero di figli seduti alla sua tavola, ma ormai si tratta di una figura obsoleta. Da cosa riconosciamo, quindi, la forza di un uomo? Mi pare che stia emergendo un uomo moderno che assomiglia alla figura mitologica del centauro Chirone, capace di essere maschio ma anche di parlare e ascoltare gli altri e le altre.

VI
Gelosia afrodisiaca

«La gelosia ha da entrar nell'amore, come nelle vivande la noce moscata. Ci ha da essere, ma non si ha da sentire.»[1]

Questo aforisma riassume molto bene quel che penso della gelosia «buona», quella afrodisiaca. Quella che accende (o riaccende) il desiderio, come una giusta dose di pepe, peperoncino o qualsiasi altra spezia rende più appetibile, e gustoso, un piatto. Non che una pietanza, o una minestra, non sia buona anche senza spezie, ma è quel tocco in più che la rende diversa, speciale, che ne esalta i sapori. L'importante è la dose: così come troppe spezie rendono immangiabile una vivanda, una gelosia eccessiva rende invivibile l'amore. E, d'altra parte, così come l'assenza di aroma rende un piatto banale, sciapo, poco appetitoso, l'assoluta mancanza di gelosia rende insipido l'amore.

Questo per rispondere alla classica domanda se si può amare anche senza essere gelosi e, indirettamente, a tutte le persone che si vantano dicendo: «Io non sono per niente gelosa», «Mio marito non è geloso...» (in genere, non senza una punta di dispiacere).

Del resto, anche Freud sosteneva che «la gelosia è uno di quegli stati affettivi che ... possono essere definiti normali. Quando sembra che essa manchi del tutto dal carattere e dal comportamento di una persona, è legittimo inferire che ha subìto una forte rimozione e svolge quindi una parte tanto più importante nella vita psichica inconscia».[2]

Ma che cos'è esattamente la gelosia afrodisiaca? Abbiamo detto che è quella che riaccende il desiderio. A volte viene usata inconsciamente o, per meglio dire, vengono usate inconsciamente fantasie di gelosia per rinforzare l'erotismo. Come è successo a Elisa. Ha 18 anni e non ha mai fatto l'amore. Dice, giustamente, che lo farà quando si sentirà pronta, ma in realtà è come se i suoi sensi fossero ancora «addormentati». Ha un ragazzo, al quale vuole molto bene, e fanno tutto insieme: studiano, vanno al cinema, si tengono per mano. E hanno un patto: non saranno mai gelosi l'uno dell'altra. Elisa, però, ha una fantasia, una vera e propria fantasticheria romantica. L'anno scorso è andata in Irlanda per frequentare un corso di inglese e a Dublino si è presa una bella cotta per il figlio maggiore della famiglia che la ospitava: Sean, un ragazzo di 20 anni, che ogni tanto la invitava al pub a bere una birra. Tra di loro non c'è stato niente, ma Sean continua a occupare i suoi sogni. Elisa immagina che lui la venga a cercare e si presenti, all'improvviso, alla porta di casa o all'uscita da scuola. Ogni volta cambia scenario, ma l'*happy ending* è sempre lo stesso: lui la abbraccia e la bacia, come in un film. Aprendo il diario di Elisa, il fidanzato scopre queste fantasticherie, che all'inizio scambia per eventi reali. Allora la affronta, le chiede spiegazioni. Lui, così tranquillo, le fa una vera e propria scenata di gelosia, e le pone un aut aut. Per Elisa sarà questo il punto di svolta, perché la gelosia del fidanzato risveglia i suoi sensi, la fa sentire «appassionatamente» desiderata, proprio come nei suoi sogni, e solletica il suo erotismo ancora assopito. Da lì Elisa capirà che, per la prima volta, ha voglia di fare l'amore, di scoprire, insieme al suo ragazzo, la sessualità.

Per altre persone la gelosia è una potente forza dell'immaginario, un antidoto alla noia e alla vecchiaia. Da ragazzo andavo spesso con mio nonno a trovare una nostra parente, che era stata una celebre cantante lirica. Viveva a Milano, nella casa di riposo Giuseppe Verdi, che ospita anziani musicisti. Lei era un'arzilla ottantenne e aveva sempre qualche «simpatia» da raccontarci, il cui minimo comun denominatore era la gelosia. Per esempio, ricordo che si era innamorata di un violinista, il quale però faceva la corte a una violoncellista (stiamo parlando, ovviamente, di amori over 70...). Ebbene, non so se fosse il risultato del suo animo artistico, o l'effetto rivitalizzante della gelosia, ma in ogni caso lei sembrava assai più giovane della sua età.

C'è poi chi cerca di usare la gelosia afrodisiaca in modo strategico, una sorta di tattica per risvegliare l'eros, o comunque l'interesse del partner. La cosa non è così semplice: prima di tutto perché bisogna essere sentimentalmente molto abili, e inoltre perché la gelosia afrodisiaca funziona solo dove c'è un terreno fertile... Inutile «autospedirsi» i fiori a casa, come fanno certe signore fantasiose, tentando di riaccendere l'interesse del marito, se il marito in questione non ha occhi che per un'altra donna, e non «vede» neppure i mazzi di rose rosse puntualmente recapitati dal solerte fiorista.

Insomma, bisogna essere abili come Julien Sorel, il cinico, spericolato protagonista del romanzo di Stendhal *Il rosso e il nero*.[3] Per catturare il cuore di Mathilde, la bella, altera aristocratica di cui è innamorato, segue un ottimo consiglio datogli da un principe russo: la fa ingelosire. E in un modo molto ingegnoso. L'amico gli fa «copiare» da una specie di «bigino» del corteggiamento decine di lettere standard, di ammirazione e devozione, che Julien dovrà mandare a un'altra aristocratica, madame de Fervaques, sposata, intellettuale e devota. Dovrà portarle lui stesso, gli consiglia l'amico, a cavallo, e dovrà cercare di farsi vedere dalla dama di compagnia della baronessa mentre le consegna, con aria malinconica e misteriosa. Le lettere sono lunghissime, noiose, dense di retorica e di frasi incomprensibili, ma Julien le copia fedelmente, annoiandosi a morte. Il trucco funziona. Madame de Fervaques è intrigata, gli risponde, lo invita nel suo salotto e nel suo palco all'opera. E la bella, giovane, altera Mathilde, ingelosita, gli riapre la porta del suo cuore e della sua camera. Tanto che Julien, il quale procede imperterrito nella sua strategia di gelosia afrodisiaca, in modo sempre più meccanico, non si accorge, nel «copiare» le lettere, di incorrere in qualche svarione. Stupita, madame de Fervaques gli chiederà: «Ma come, la sua ultima missiva parlava di Londra mentre noi siamo a Parigi?».

Da allora è passato molto tempo, ma il fascino ottocentesco della corrispondenza amorosa è tornato di moda: basta vedere il successo dei nuovi «bigini» amorosi, gli sms, che tanto piacciono alle persone dai quindici anni in su. Già, perché ormai anche i cinquantenni spediscono, via cellulare, messaggini romantici, sentimentali, erotici. A volte copiandoli da appositi siti su Internet, a volte riciclando sempre le stesse frasi sdolcinate: baci Perugina telematici. Anche se dubito che scrivere «Tuo padre è un ladro: ha rubato due stelle nel cielo e le ha messe al posto dei tuoi occhi» (una delle frasi più gettonate) possa far innamorare o ingelosire qualche ragazza... Ma non si sa mai. Il cuore ha i suoi misteri, o meglio, come disse saggiamente Pascal, ha le sue ragioni, che la ragione non conosce.

Torniamo però alla gelosia strategica. Una certezza ce l'abbiamo: evocare l'ombra di un tradimento, creare artificialmente un sospetto, può rivelarsi utile. Anche senza arrivare agli estremi del marito che, spacciandosi per un amante, corteggia in incognito la moglie, le dà appuntamento in un albergo e infine la riceve in camera, al buio. È questa la trama di un romanzo che mi è molto piaciuto, *Le Zèbre*, di Alexandre Jardin,[4] e chissà, forse a qualcuno è successo davvero.

Più semplicemente, l'ombra di un «terzo» è strategicamente perfetta. È «l'altro che non c'è», che quindi puoi evocare quando ti occorre e far sparire quando non ti serve più. Ideale, perché inesistente. È l'amante che non c'è, ma che ti permette il gioco eterno delle possibilità.

A questo proposito, il giornalista Dumesnil de Gramont consiglia alle donne francesi otto trucchi per far ingelosire il partner. Eccoli qui, a disposizione di tutte le lettrici:

1. Parlate con ammirazione, a vostro marito, di un collega.
2. Chiedete una volta a quest'ultimo di accompagnarvi a casa.

3. Se vostro marito vi telefona in ufficio, fategli dire che non ci siete.
4. Se invece lavorate in casa, lasciate rispondere ogni tanto la segreteria telefonica (anche se ci siete), e cambiate profumo, soprattutto se è vostro marito che ve l'ha regalato.
5. Sorridete agli altri uomini quando siete al ristorante.
6. Andate al cinema senza dirlo a vostro marito, e lasciate in giro, «per caso», lo scontrino del biglietto d'entrata.
7. Precipitatevi al telefono, non appena squilla, come se aspettaste una chiamata.
8. E, infine, un trucco collaudato: fatevi recapitare a casa un mazzo di rose rosse, segno inequivocabile della presenza di un corteggiatore.

È gelosia strategica anche quella delle donne che si fanno belle per riconquistare il marito? Un nuovo taglio di capelli, biancheria più sexy invece di reggiseni logorati dall'uso e mutande punitive, abiti più attillati. E, magari, anche un piccolo passaggio sotto il bisturi. Un noto chirurgo plastico di sesso femminile mi ha raccontato che le donne che vanno da lei per farsi ritoccare le labbra (e per avere quella bocca turgida e gonfia, oggi purtroppo così di moda) lo fanno proprio per ingelosire il marito.

Infine, c'è chi usa la gelosia strategica e afrodisiaca... per sé. Come Rosanna, 38 anni, che dopo aver scoperto un numero di telefono tra le carte del marito, andò da un detective privato per verificare il suo sospetto e avere la certezza (oltre che il nome e il cognome) dell'esistenza di un'amante. Alla fine, però, saldò il conto senza informarsi dell'esito delle ricerche, credo per poter continuare a essere gelosa.

Potremmo quasi dire che la gelosia è afrodisiaca quando ci «rimette» sotto gli occhi il partner, come se lo vedessimo per la prima volta. A volte basta un clic dell'immaginario, un sapore, un profumo.

Clara ha 35 anni ed è sposata da dieci. Tutto tranquillo, fin troppo... Quand'ecco che, una sera, Clara sente sulla pelle del marito un profumo diverso. Forse troppo sospettosa, forse autosuggestionata, si mette in testa che lui ha un'altra, e che quello è il suo profumo. Non dice nulla, ma il dubbio la agita tutta la notte. La mattina dopo, appena il marito è uscito, apre il suo armadietto in bagno e annusa dopobarba ed essenze, quelli che gli ha regalato e quelli che si è comprato: nulla, di quell'aroma non c'è traccia. La sera, quando lui torna a casa, gli si avvicina, lo abbraccia e sente di nuovo quel profumo. Un profumo che la inquieta e, allo stesso tempo, la eccita... Solo in seguito Clara scoprirà che, molto banalmente, si tratta del bagnoschiuma che il marito usa dopo la doccia in palestra. Ma ormai la gelosia ha steso un'ombra – piacevole, rinfrescante – su quello che rischiava di essere un matrimonio troppo assolato.

Lui è geloso, lei no. Il gioco delle geometrie amorose

Di fronte alla gelosia, però, non tutti reagiscono allo stesso modo, e questo è un mistero anche per i gelosi stessi. Mi viene in mente il caso di Matteo, un commerciante quarantenne, energico ed entusiasta: è curioso delle donne e, davanti a un possibile flirt, non si tira mai indietro. Chicca, la sua compagna, di qualche anno più vecchia di lui, ha un figlio già grande, nato dal suo primo matrimonio. Ed è forse tenendo a bada il figlio adolescente che ha imparato a rispondere con una certa flemma alle piccole, inconsce provocazioni di Matteo, che si alza spesso da tavola per rispondere al cellulare, manda in continuazione messaggini, ha frequenti cene di lavoro che lo trattengono fuori casa fino a mezzanotte... Chicca chiude un occhio, anzi due. Poi, una notte in cui Matteo rincasa molto più tardi del solito dalla sua «cena di lavoro», leggermente alticcio per il vino e l'avventura, lei lo fa dormire nella stanza degli ospiti, senza fare alcun commento. Risultato? Per giorni e giorni Matteo si lamenta con lei e con gli amici di quanto sia insopportabilmente gelosa. Insomma, due pesi e due misure. Infatti, qualche mese dopo, Matteo è il primo a controllare i messaggini sul cellulare di Chicca, e a infuriarsi con lei perché aveva cambiato il pin (il codice segreto d'accesso). Sospettando che abbia rivisto un suo ex, le fa una scenata melodrammatica, con pianti e minacce. Una scenata basata sul niente, di fatto, che però ha avuto un effetto concreto: l'ha riavvicinato immediatamente a Chicca, la non gelosa vittima di un geloso (nonché fedifrago).

Reazioni diverse davanti alla gelosia anche nella storia di Guido e Giovanna. Sono una coppia di cinquantenni, sposati da trent'anni. Lei, quando ha scoperto che il marito la tradiva, si è sentita terribilmente umiliata: non solo gelosa, ma ferita, scioccata. Però, dopo aver parlato e litigato con lui, dopo aver minacciato il divorzio e lo scandalo (vivono in una piccola cittadina e l'amante è la moglie di un noto avvocato), ha ritrovato la voglia di fare l'amore, con nuova, inedita passione. Lui, invece, ha problemi di erezione e il suo desiderio è scarso. E dire che prima il sesso tra loro non era mai stato un problema. Guido afferma di amare ancora Giovanna, di non voler rinunciare a lei, ma è come se il pene non seguisse il cuore. Le ragioni? Possono essere molte. Per esempio, Guido ha «deciso», razionalmente, di dimenticare l'altra, ma senza esserne davvero convinto; oppure, la sua ansia di prestazione potrebbe derivare dai sensi di colpa per il tradimento. In ogni caso, l'adulterio (e la conseguente gelosia) ha paradossalmente fatto del bene a lei e male a lui.

Anche il cinema ha saputo illustrare, magistralmente, le «discordanze di coppia» sulla gelosia. È il caso, per esempio, dell'ultimo film di Stanley Kubrick, *Eyes Wide Shut*,[5] che ha come protagonisti due divi di Hollywood, Tom Cruise e Nicole Kidman, che formavano una coppia sul set e nella vita e che, poco dopo la fine delle riprese, si sono lasciati. Siamo a una festa, a New York. Bill domanda ad Alice chi era l'uomo elegante che ballava con lei. Lei risponde prendendolo in giro, gli dice che era un uomo che voleva portarla via con sé, in una stanza, magari per fare sesso. Lui incassa, e ribatte che è normale: lei è così bella... Ma per Alice la calma di Bill è offensiva. Si irrita e porta la discussione sulla gelosia. Sostiene che probabilmente ci sono alcune pazienti di Bill (che è medico) che non vedono l'ora di andare a letto con lui. Bill ribadisce che lui non è geloso, perché ha fiducia in lei. Ma lei insiste, vuole che reagisca. Gli racconta di un episodio del passato, durante una vacanza, quando lei era rimasta affascinata da un ufficiale di marina che avevano incontrato insieme.

È qui che appare chiaro il malinteso sulla gelosia. Per lui non essere geloso è una prova d'amore e di fiducia, per lei una mancanza di passione.

Sono molte le donne che, come la protagonista del film di Kubrick, rimangono deluse da una non-gelosia del partner. La interpretano infatti non come un segno positivo, ma come una dimostrazione di disinteresse, di indifferenza. Risultato? Cercano di provocare il compagno, di attivare una reazione passionale. E infatti, secondo François Lelord,[6] il tentativo di rendere geloso il partner è utilizzato da un terzo delle coppie, soprattutto dalle donne.

Il punto è che in genere, come detto, si tratta di una tattica che ha effetto se è involontaria. Lo racconta bene Milan Kundera in *L'insostenibile leggerezza dell'essere*.[7] Il protagonista, Tomáš, vive con Tereza. La ama, ma la rende infelice con le sue continue infedeltà. Però, durante una serata tra amici, prova una forte gelosia quando la vede ballare con un altro uomo. Rientrati a casa, lei gli domanda il perché del suo cambiamento di umore. Tomáš le dice la verità, cioè che era infastidito nel vederla tra le braccia di un altro. E lei ripete: è vero, dunque, ti ho reso geloso... E lo dice con una nota di leggerezza, di gioia nella voce, finendo per ballare, stretta a lui, in camera da letto.

Quando il rivale «riattiva» il desiderio

Un «cuore in tormento» mi scrive una lunga lettera. Lei ha 58 anni, il marito 62, e sono sposati da trentasette. La loro vita sessuale è sempre stata soddisfacente, e facile. Il desiderio non è mai mancato, facevano l'amore spesso e in genere arrivavano all'orgasmo insieme. Poi lei ha subìto un'isterectomia per un fibroma all'utero, e da allora si è sentita «secca come una pianta bruciata». Il ginecologo le ha consigliato un gel vaginale e, a poco a poco, i rapporti sono ripresi, anche se non così frequenti. Qualche mese fa, però, il «cuore in tormento» scopre che il marito ha avuto, in passato, una storia con una ragazza molto più giovane. Ha trovato una lettera: lei, l'altra, scriveva al marito che era impossibile continuare la storia perché i suoi genitori avevano scoperto tutto e quindi era necessario troncare subito il legame. Era una lettera di commiato e non di una donna innamorata. La moglie affronta il marito, gli chiede spiegazioni e le riceve. Lui non si tira indietro: racconta tutto, o quasi. Poi, dato che la cosa era accaduta alla vigilia delle vacanze, lui le domanda se se la sente di partire ugualmente. Lei accetta, dicendo che sarebbe stato un inferno, perché non avrebbe certo potuto dimenticare quanto era accaduto. Partono, in treno. Per tutto il viaggio non fanno altro che parlare e piangere. Poi, in albergo, dopo una notte quasi insonne, ha provato per il marito, nel letto insieme a lei, così vicino e così lontano allo stesso tempo, un forte desiderio, «come se volessi riappropriarmi di un bene perduto». Hanno fatto l'amore: ed è stato di nuovo bello, bellissimo, come negli anni passati, prima dell'operazione. Così, racconta il «cuore in tormento», hanno ripreso la loro vita sessuale. E, fra l'altro, senza far più ricorso al gel consigliato dal medico. Il marito, poi, le ha raccontato che l'amante era frigida e ogni volta, tornato a casa, si «tuffava» volentieri nell'intimità coniugale. «Adesso ogni volta che mi avvicino a mio marito mi sento eccitata come una ragazzina, ho quasi sempre voglia di fare l'amore con lui. A volte me ne vergogno quasi...»

Che dire? Il «cuore in tormento» ha trovato da sola la soluzione ai suoi «tormenti». L'idea di perdere suo marito l'ha angosciata per una lunga notte insonne, ma poi ha saputo reagire spontaneamente, seguendo l'istinto dell'amore. E, anche, la spinta della gelosia.

Marisa e Claudio, invece, non riescono a trovare la «giusta distanza» per amarsi senza litigare, come i porcospini che se sono troppo vicini si pungono, ma se sono troppo lontani hanno freddo. Marisa ha 40 anni e un figlio di 21: è un'ex ragazza madre e ha cresciuto il bambino da sola. Ha avuto molte avventure, ma nessuna relazione seria. Finché, sei mesi fa, ha incontrato Claudio, di cui si è perdutamente innamorata. Si sono conosciuti come in un film, in una serata di pioggia, tentando di entrare per sbaglio nello stesso taxi. Ed è stato amore a prima vista: non si sono più lasciati. Claudio è gentile, affettuoso, le dice che è la donna della sua vita. Lei è felice. Parlano di matrimonio. Poi, improvvisamente, lui fa marcia indietro. Esita. Le dice che è meglio non prendere decisioni precipitose, comincia a trovare delle scuse per non vederla ogni sera... Marisa, che è una donna passionale e impulsiva, dopo essersi sbilanciata per l'ultima volta, e avergli lanciato un ultimatum (o andiamo a vivere insieme o ci lasciamo), sbatte la porta e se ne va. «Non amo gli uomini indecisi e vigliacchi» gli ha ripetuto «e noi non siamo più due ragazzini: non abbiamo tempo da sprecare. Se è amore, dobbiamo avere il coraggio di viverlo, altrimenti addio.» Dopodiché Marisa, che crede fermamente nella strategia del «chiodo scaccia chiodo», accetta la corte di un collega insistente, ma di cui non le è mai importato molto. E comincia a uscire con lui. E Claudio? Le corre dietro, la corteggia in modo plateale. Le manda in ufficio delle rose, tante quante i giorni trascorsi dal loro addio. Le compra un paio di costosissime scarpe con il tacco a stiletto, che lei un giorno aveva ammirato in una vetrina. Prepara una compilation con tutte le canzoni che avevano ascoltato insieme...

Cos'è successo? Come spesso capita, l'uomo insicuro viene «attivato» dal rivale: è come il segnale che la sua donna è davvero appetibile. Lentamente Marisa si riavvicina a Claudio. Cosa succederà alla loro coppia? Io temo che la gelosia di Claudio non sia legata all'oggetto d'amore come nel caso precedente, ma a un confronto con il rivale: una lotta di potere tra maschi, insomma. Marisa, però, è una donna forte, se la saprà cavare.

Silvia, invece, è gelosa, ma non di suo marito. È gelosa di un altro uomo, e da una vita. Questa è la sua storia: «Ci siamo conosciuti vent'anni fa: lavoravamo nello stesso ufficio. Io di anni ne avevo 22, ed ero fidanzata con un ragazzo – il primo, a parte qualche semplice "cotta" – serio, onesto, dai valori ben radicati e profondi... Un porto sicuro. Poi sul porto si è abbattuto un improvviso uragano; a stento l'àncora della mia barca ha tenuto. Ed è stato lui, il mio uragano. Allora aveva 33 anni, era sposato, con una figlia. Sapevo che non potevo sperare niente da lui, anche se mi aveva proposto di prendere in considerazione l'idea di andare a vivere insieme. Ma il suo matrimonio per me era una realtà non superabile. Ho archiviato il tutto in un angolo segreto, dentro di me. Mi sono detta che per me era stata una follia, una sbandata, e per lui un'avventura, una delle tante. Ho deciso di sposarmi. E ho fatto bene, perché il rapporto con mio marito si è rivelato bello e profondo, pieno di stima, rispetto, amore reciproco... Il nostro sentimento è cresciuto con noi e con le nostre figlie, e con gli anni diventava sempre più forte e sicuro. Ogni tanto ripensavo a quella storia vissuta in modo così travolgente, soprattutto dal punto di vista erotico: ripensavo a quelle follie a letto, quei brividi che, confesso, con mio marito non ho mai provato. Ci pensavo con un misto di dolcezza e paura, ma convinta che tutto facesse parte del passato. A volte ci incontravamo, e subito ritrovavamo complicità, simpatia, allegria nel bere un caffè insieme, ma niente di più. Finché non ho accettato un lavoro a tempo determinato, sempre nello stesso ufficio.

Erano passati quindici anni, l'amore per mio marito era forte; non potevano esserci rischi. E invece, vedersi tutti i giorni ha fatto riaffiorare la nostra intesa, ma soprattutto la forte, intensa attrazione erotica; una sensazione da capogiro, incontrollabile, ingestibile. Io però non volevo tradire mio marito: la fedeltà è sempre stata importante per me. E lui questo non lo capiva, non rientrava nei suoi schemi, nei suoi valori. Mi stava addosso, mi stordiva di parole, di sguardi, mi faceva girare la testa... Alla fine ho troncato anticipatamente il rapporto di lavoro: sapevo che se l'avessi visto, in ufficio, un giorno di più, non avrei saputo resistergli. Ma in quell'istante ho capito anche che non l'avevo mai dimenticato, ed è tornata, prepotente, più forte di prima, la gelosia che provavo nei suoi confronti.

«Continuavo a pensare a lui: lo pensavo insieme alla moglie, insieme ad altre donne. Pensavo a tutti i baci che non gli avrei più dato, e che lui avrebbe dato ad altre; pensavo alle sue mani sul mio corpo, quelle mani che adesso avrebbero toccato altre donne. Mio marito ha capito: tutto o solo qualcosa, non so. E il nostro rapporto è entrato in crisi. Si è trascinato stancamente per altri quattro anni, finché ho deciso che il mio matrimonio era finito. Così ho deciso di concedermi quello cui avevo rinunciato, e ho ricontattato lui, il mio uomo dei sogni. A quel punto, dal nostro primo incontro erano passati vent'anni. Ma quando mi sono ritrovata tra le sue braccia è tornata tutta la magia: la confidenza profonda, senza segreti, senza pudore; l'allegria nello stare insieme; il desiderio, che sembra non conoscere stanchezza.

«Ci vediamo da quasi quattro mesi e finora non mi sono ancora decisa ad avere con lui un rapporto completo, forse perché questo mi dà l'illusione di non tradire mio marito. Stranamente, proprio ora il nostro matrimonio è diventato più vivace. Finalmente abbiamo ritrovato il dialogo di prima e facciamo l'amore più spesso. Penso, anzi sono convinta di amarlo ancora molto. Certo gli voglio bene, così come lui è innamorato profondamente di me; lo è sempre stato. E l'altro? Lo amo? Non credo, ma del resto non so neppure che razza di sentimento sia quello che provo per lui. È quasi un bisogno morboso, e mi fa star male l'idea che dovrò al più presto rinunciarci se voglio ricostruire il rapporto con mio marito. E la gelosia? È questo che non capisco. Non sono gelosa di mio marito. Penso che se lui mi tradisse saprei perdonare, e accetterei, pur con sofferenza, una sua sbandata o semplicemente una storia di sesso. Invece, quando penso alle storie, anche occasionali, che "l'altro" si è concesso, o al fatto che potrebbe far l'amore con sua moglie, sono gelosa... E se per caso gli chiedo di vederci e mi dice di no, provo subito una fitta incredibile: e penso immediatamente che, forse, si vede con un'altra».

Si può essere gelosi senza amare? Si può amare senza essere gelosi? Questo si domanda Silvia. Alla prima domanda rispondo di sì, alla seconda no. Perché se è vero che si può essere gelosi per bassa autostima, come nelle gelosie patologiche (di cui parleremo nel prossimo capitolo), quando sei innamorato sei «naturalmente» geloso. E quindi, per tornare a Silvia, credo che debba riconoscere, almeno per onestà verso se stessa, che quello che prova per il suo amante è vero amore. Anche se la sua gelosia è stata doppiamente afrodisiaca: l'ha riavvicinata al marito e all'amante. Riaccendendo il suo desiderio per entrambi gli uomini.

Se il sospetto è come un rock

C'è un'area della vita, poi, dove la gelosia è sicuramente afrodisiaca: la musica. Mai come nella finzione creativa, infatti, delusioni, rancori e lacrime diventano poesia. Per questo vorrei finire con una vecchia canzone della rocker Gianna Nannini, *Gelosia* (1986), che mostra l'ambiguità sia della gelosia sia dell'amore.

Anche qui c'è il sospetto, c'è uno sguardo inquieto. Perché «se esci dalla doccia e poi ti annuso, mentre bevi il tuo caffè», canta la Nannini, non è gelosia. Non è gelosia neppure presentarsi all'improvviso, quando lui non ti aspetta; o cercare in «frasi trasparenti», come continua la cantante, sempre una parola in più... Ma se non è gelosia, allora che cos'è?

Del resto, già Balzac[8] diceva che la gelosia è una passione deliziosa, l'unico stimolo autentico dell'amore, se non addirittura il suo alter ego.

VII

Gelosia patologica

Quando la gelosia diventa «cattiva»? Qual è la linea di demarcazione, il confine? In molte situazioni non c'è una netta cesura tra gelosia possessiva e gelosia paranoica. L'elemento comune, come dice La Rochefoucauld,[1] è che «nella gelosia c'è più egoismo che amore». Ma quando la gelosia straripa, quando il sospetto o la sofferenza della perdita diventano insopportabili, allora s'innesca la patologia.

Si tratta di un tema molto sfruttato dal cinema, anche per il suo potenziale corredo di tempeste emotive, di violente scenate, di conflitti sentimentali. È come se solo un film sapesse amplificare, e rendere chiaramente visibile, la furia distruttiva insita nella gelosia: malefica, certo, eppure terribilmente affascinante. A volte la storia è molto semplice: in *Coastlines*,[2] la donna amata dal protagonista sposa un altro, e lui impazzisce di gelosia per aver perso quella che considerava una sua proprietà.

Così, in *Toro scatenato*[3] di Martin Scorsese, Robert De Niro è un campione di boxe, geloso patologico. Ogni giorno chiede alla moglie se è andata a letto con suo fratello, finché un giorno lei, sfinita, gli risponde di sì, anche se non è vero. Come se fosse sul ring, De Niro si scatena e li riempie di botte tutti e due. Però la gelosia ha il potere di moltiplicare le sue forze; e quando la moglie gli dice che il suo prossimo avversario ha un viso interessante, lui lo affronta con la ferrea determinazione di «spaccargli il muso». In questo caso, quindi, la gelosia è al servizio del narcisismo personale.

L'inferno degli «hacker»: dalla normalità alla patologia

Per spiegare il passaggio dalla normalità alla patologia, ricorro ancora una volta a un film, *L'inferno* di Claude Chabrol.[4] Roso da una gelosia di intensità crescente, un marito sottopone la sfortunata moglie (Emmanuelle Béart) a una rigida sorveglianza e a minacce sempre più violente. E il titolo, del resto, è molto eloquente: la gelosia è un inferno tanto per il geloso quanto per la sua vittima.

Il veleno del sospetto, gli infiniti controlli, i pedinamenti, le domande, le angosce che fanno passare la notte in bianco sia al geloso sia al suo prigioniero. Dostoevskij ha usato parole dure per la gelosia, e per chi ne è schiavo: «Non è neppure possibile immaginarsi tutta l'abiezione e la decadenza morale, a cui il geloso è capace di adattarsi, senza averne il minimo rimorso. E non già che si tratti sempre di anime volgari e sordide. Al contrario, con un cuore elevato, con un amore puro, pieno di volontà di sacrificio, si può nello stesso tempo rimpiattarsi sotto i tavolini, assoldare le più vili persone e accostumarsi col più sporco fango dello spionaggio e dell'agguato».[5]

Ed è ancora così. Oggi, infatti, se la gelosia non porta più dagli avvocati (visto che un eventuale tradimento non è più una «colpa» che consenta di chiedere il divorzio), spinge però dagli investigatori privati. L'unica differenza rispetto ai tempi di Dostoevskij è che non c'è più bisogno di «assoldare le più vili persone». La tecnologia odierna è talmente capillare e sofisticata che è facilissimo controllare il cellulare o il computer del sospettato... E non è solo un'abilità maschile: una mia conoscente era stata soprannominata «hacker» dal fidanzato perché riusciva sempre a scoprire tutto.

A volte, invece, la gelosia è patologica non tanto per i mezzi a cui ricorre quanto per l'oggetto che sceglie. Miriam, 47 anni, sposata con figli, ha perso la testa per un uomo che attualmente è in carcere. Una passione segreta, che non ha rivelato neppure alla sua migliore amica. Lui si chiama Bruno, ha dieci anni meno di lei ed è un commercialista. Lavorava nello studio del padre, ma sognava una vita diversa: mare, spiagge e palme, e la possibilità di ricominciare da zero dall'altra parte del mondo. Ha conosciuto Miriam nell'agenzia di viaggi dove lei lavora, e dove lui andava spesso per raccogliere dépliant e brochure, e fantasticare sui Paesi esotici che avrebbe voluto vedere. La storia è cominciata così, tra un caffè al bar e qualche racconto di viaggio: Bruno le parlava dell'Argentina, del Venezuela, di Los Roques, un arcipelago selvaggio dove ci sono solo barche, alberi e qualche *posada*. Lei lo ascoltava affascinata, vedendo di fronte a sé nuovi mondi, nuovi orizzonti. Finché Bruno se n'è andato, portando con sé il denaro dei clienti dello studio paterno. Una truffa ben architettata ma una fuga subito interrotta, senza poter raggiungere il tanto vagheggiato Venezuela e, lì, scomparire. All'insaputa di tutti, Miriam lo va a trovare in prigione e, sempre in segreto, gli paga l'avvocato. Dice che Bruno lo ha fatto per lei, per trasformare in realtà il loro sogno di fuga (che, invece, è solo il sogno di Bruno). Ed è gelosa: gelosa di un'amica, non meglio identificata, che lo stava aspettando in Venezuela; gelosa di possibili avventure sentimentali che Bruno si vorrà concedere, dopo aver «tanto sofferto» – come dice lei – in prigione. «E se una volta scarcerato mi troverà vecchia, brutta, e non vorrà più partire con me?», «Se fuggisse da solo?», sono le domande che tormentano Miriam. Dietro la sua gelosia e i suoi fantasmi c'è la paura di essere abbandonata: lei stessa collega questo tratto del carattere alla sua infanzia, perché, dopo il divorzio dei genitori, non ha più visto il padre.

Il bisogno di essere amati è viscerale, profondo, coinvolge ogni fibra del nostro essere. Ma perché andare a chiedere di soddisfarlo all'uomo sbagliato? La felicità presuppone che i nostri sogni siano «verosimili» rispetto alla realtà o, perlomeno, a essa «adattati». Altrimenti, come Don Chisciotte, finiamo per combattere contro i mulini a vento.

Paranoia, delirio: quando la gelosia fa perdere la testa

In psichiatria si distingue il delirio paranoico di gelosia dalle altre forme di gelosia presenti nelle psicosi deliranti: alcolismo, demenza, tossicomania e alcune nevrosi gravi, ossessive o istrioniche.

Vorrei raccontare un caso che giudico emblematico dal punto di vista psichiatrico.[6] È la storia di Armando, 44 anni, parrucchiere. La sua gelosia si scatena quando il lavoro va male: allora diventa paranoico, sospettoso. Si mette in testa che la moglie, parrucchiera anche lei, esca di notte per incontrare l'amante. Quindi sparge farina sulle scale che collegano l'appartamento al negozio per poter controllare, la mattina dopo, se è uscita. Arriva al punto di immaginare che gli amanti della moglie comunichino fra loro a gesti, utilizzando una sorta di codice segreto. Dopo un anno decide di vendere il negozio e cambiare città, per difendere il suo «onore». E il comportamento della moglie ridiventa – secondo lui – irreprensibile.

Armando non è violento, è solo paranoico. È altrettanto vero, però, che alcuni gelosi patologici non vengono mai curati per il semplice fatto che la loro ossessione non è accompagnata da botte e sberle, il che farebbe scattare una denuncia. E così viene sottovalutata la violenza psicologica che esercitano in famiglia: diffidenze continue, accuse, vere e proprie molestie morali.

Dopo otto anni Armando ricade in una fase di gelosia patologica. Un giorno è convinto di vedere delle macchie di sperma sul bordo del letto: pensa che ci sia un amante nascosto, ma si guarda bene dal verificare. Raddoppia invece la sorveglianza, installa una fastidiosa suoneria che avvisa ogni volta che entra qualcuno. Poi gli viene il sospetto che l'amante passi dalla finestra, dato che ha scoperto una scala in cortile. Allora intensifica l'attività sessuale: fa l'amore con la moglie anche due volte al giorno, ritenendo che in questo modo non le resti più né la voglia né l'energia per interessarsi ad altri uomini. In seguito si convince che lei lo stia avvelenando, perciò a tavola cambia il suo piatto con quello della moglie. Ed è un continuo crescendo, fino a concepire l'idea del complotto: ipotizzando che la portinaia sia in combutta con la moglie, le offre del denaro. Ed è proprio la portinaia che, allarmata, chiama la polizia. Durante la perquisizione dell'appartamento gli agenti trovano una vecchia rivoltella nascosta in un armadio, perciò portano Armando in questura e, poi, all'ospedale psichiatrico. A questo punto sono passati dieci anni dalle sue prime scenate di gelosia.

La diagnosi degli psichiatri è che Armando è un uomo diffidente e ciclotimico: ogniqualvolta gli affari non vanno bene, riappare il delirio di gelosia. Gran lavoratore, identifica la sua virilità con l'impresa professionale, sicché, quando il negozio va male, si sente anche sessualmente insufficiente. È da questa sensazione di inferiorità che si scatena la gelosia. Dopo due mesi passati in clinica, curato con farmaci (neurolettici) e supportato da una psicoterapia, ammette che le sue fantasie sono infondate e viene dimesso.

Credo che in questo caso sia corretta l'ipotesi freudiana secondo la quale dietro la gelosia paranoica si nasconderebbe una tendenza omosessuale. Armando ci teneva a informare gli amici delle sue straordinarie prestazioni sessuali, ma ogni volta che perdeva la virilità sociale (a causa dei problemi lavorativi) non si sentiva più un vero uomo, perciò guardava con sospetto gli altri uomini che considerava più «potenti» di lui.

La gelosia può diventare incontrollabile, delirante: non più passione ma disturbo psichiatrico. È quello che ha mostrato Ettore Scola in un film storico, *Dramma della gelosia: tutti i particolari in cronaca*,[7] interpretato da Marcello Mastroianni e Monica Vitti. Ripercorriamone la trama, seguendo il filo della gelosia che, a poco a poco, si trasforma in delirio.

Il protagonista è Oreste, un muratore di mezz'età che vive nel timore della moglie Antonia, più vecchia di lui. Durante una serata alla Festa dell'Unità incontra la giovane e seducente fioraia Adelaide e se ne innamora, scatenando la furia di Antonia che, venuta a conoscenza della relazione clandestina, cerca Adelaide e la malmena, mandandola all'ospedale. Ma, per Oreste, il peggio deve ancora venire. Nello, un pizzaiolo conosciuto nel corso di una manifestazione del Pci, s'invaghisce, ricambiato, di Adelaide, diventando il suo più pericoloso ostacolo nella relazione con la bella fioraia. Tra la ragazza e il nuovo amante è l'idillio, ma la difficile situazione che si viene a creare a causa della gelosia di Oreste spinge Adelaide tra le braccia di un terzo uomo, che non le piace ma che ha una solida posizione economica. Gli eventi precipitano. Oreste perde il lavoro, Nello tenta il suicidio. Consumata dal senso di colpa, Adelaide lo va a trovare e gli confessa il suo amore. I due decidono di sposarsi. Oreste, sconsolato, sogna il successo della sua ultima e disperata risorsa: il malocchio affidato agli zingari. Ridottosi a vagabondare come un senzatetto, svegliandosi all'improvviso su una panchina dei mercati generali Oreste vede Nello e Adelaide andare verso l'altare. In un ultimo scatto d'ira, si scaglia sulla coppia dando inizio a una rissa furibonda, in cui la donna perde la vita. Condannato a un breve periodo di detenzione per infermità mentale, Oreste uscirà dal carcere privo di senno, convinto che Adelaide cammini ancora al suo fianco.

Dunque, gelosia e morte, gelosia e disperazione. Ma anche senza arrivare alla tragedia, la gelosia patologica costituisce un grave pericolo per la coppia, come testimoniano i due seguenti casi.

Il primo è quello di Gina, 58 anni, gelosa in modo morboso del marito, e senza il minimo motivo. Lui, dopo trent'anni, si è sfogato con i vicini di casa, chiedendo aiuto, ma lei, che non vuol parlare con nessuno, furibonda per le sue rivelazioni, ha tentato di picchiarlo. Il marito è paralizzato dalle reazioni violente della moglie, anche perché, mi racconta, nella sua famiglia d'origine ci sono stati alcuni malati psichiatrici. Mi domanda cosa deve fare, e se è possibile che dopo trent'anni la situazione peggiori a tal punto da diventare pericolosa. C'è il rischio che la moglie possa impazzire, com'è successo, anche se non per motivi di gelosia, ai suoi famigliari?

Io credo che Gina sia sull'orlo di una grave depressione e che nella gelosia esprima tutta la sua rabbia interiore e soprattutto l'insicurezza. È per questo che proietta sul marito la propria inferiorità e pensa che un'altra donna lo renderebbe più felice.

Elena, invece, ha 32 anni ed è appena stata lasciata dal marito Davide, che ha un anno più di lei ed è un uomo molto geloso, del presente ma anche del passato. Ha voluto conoscere ogni dettaglio delle precedenti relazioni di Elena, compresi quelli più intimi. La donna, convinta che non si trattasse di un «interrogatorio sentimentale» ma di un modo per dirsi tutto, per condividere le reciproche esperienze di vita e avvicinarsi ulteriormente l'uno all'altra, gli ha rivelato fra l'altro una brutta storia di abuso sessuale da parte del patrigno all'età di undici anni. Davide ha reagito malissimo. Anziché mostrarle comprensione e consolarla, si è fatto l'idea che Elena sia una ragazza «facile», incapace di dire di no agli uomini. Così ha iniziato a vedere amanti dappertutto, anche nel sorriso «meccanico» del barista sotto casa, o nel complimento rivoltole da un amico. E alla fine se n'è andato, abbandonandola senza una parola di spiegazione e lasciando dietro di sé una scia di accuse e recriminazioni. Adesso Elena è distrutta. È stata ferita due volte: dalla traumatica violenza sessuale subita nell'infanzia e dal sentirsi rifiutata proprio quando pensava di potersi nuovamente «fidare» di un uomo. Un rifiuto ancora più doloroso perché provocato dalla confessione del suo drammatico segreto.

Dubito seriamente che si possa fare qualcosa per salvare questo matrimonio. Un paranoico come Davide consulta più volentieri l'avvocato (per il divorzio, in questo caso) che lo psichiatra, anche se avrebbe tutto da guadagnare da una psicoterapia: non solo non ha mai conosciuto il padre, ma nell'infanzia è rimasto smarrito dall'aver visto passare per casa, come meteore, i numerosi fidanzati della madre. Ed è su Elena che ha proiettato questa sua insicurezza, questa paura di un femminile eccessivamente «volubile», di una donna che cambia troppo spesso partner. Ma Davide si rifiuta di mettersi in discussione, trincerandosi dietro la sua ostinata domanda di separazione. A questo punto l'unica possibilità è aiutare Elena, facendole capire che, nel suo caso, la solitudine non è il peggiore dei mali. Alla sua età la separazione può essere un'ottima occasione per ricominciare da capo, senza perdere fiducia nell'amore. A patto di non lasciarsi affascinare da un altro paranoico come Davide.

Alcol e gelosia

Alessandro, 62 anni, fin dal primo colloquio mi comunica che ha un problema da risolvere urgentemente (mentre parla mi accorgo che puzza di vino). Racconta che finché la sua situazione economica è stata florida, la moglie gli è stata fedele, e che lui e lei erano una coppia felice. Adesso, però, tutto è cambiato. Gli affari vanno male e lei non è più la stessa. Convintosi che la moglie, quando dice che va a fare shopping, si incontri con qualcuno dei suoi amanti, la segue ovunque, fruga nella sua borsetta, nelle tasche dei suoi vestiti, in cerca delle prove. Separatamente vedo anche la moglie, 58 anni, che è molto provata da tutto ciò che il marito le infligge. Quando gli affari hanno cominciato ad andare male, Alessandro ha iniziato a bere, poi è diventato impotente. Da allora le sue accuse di tradimento e le sue paure si sono fatte sempre più assurde: non la lascia neppure andare dal medico, perché non vuole che la veda spogliata, che la tocchi. Ed è sempre più convinto che ci sia un complotto contro di lui. Si sente messo in disparte anche dai figli, oltre che privato dell'amore della moglie. È isolato e disperato.

Il fatto è che Alessandro si è messo a bere perché non aveva forze sufficienti per fronteggiare le difficoltà della vita. È noto che l'alcol, assunto a piccole dosi, elimina le angosce e le inibizioni (è un «solvente» del Super-io), sicché può avere addirittura un effetto afrodisiaco. Ma quando si passa dal piacere di un buon bicchiere a tavola alla schiavitù della bottiglia, alla dipendenza che comincia in segreto, con un goccio di whisky al mattino per affrontare meglio la giornata, allora l'alcol diventa un veleno i cui effetti sono particolarmente dannosi per il fegato, che inizia a trasformare gli ormoni maschili (testosterone) in ormoni femminili (estrogeni). È questa una delle ragioni per cui gli alcolisti diventano prima impotenti e poi gelosi degli altri uomini. Proprio quello che è successo ad Alessandro.

Demenza e gelosia

A volte la gelosia si manifesta in tarda età, nell'ambito di un quadro clinico molto più complesso, legato all'insorgere della demenza senile. È quel che è successo a Adriano, 86 anni, sposato con Anna, 75. Da circa cinque anni Adriano è diventato un marito gelosissimo, un sentimento che solo in quest'ultimo periodo gli avvelena l'esistenza e lo fa sragionare. Adriano e Anna hanno due cani a cui sono entrambi legatissimi. Ebbene, il marito è convinto che la moglie sia l'amante del veterinario, oltre che del fisioterapista dal quale è in cura per un'artrosi al ginocchio. La controlla, la spia, la accusa, e si comporta in modo imbarazzante con i medici (che ormai non vanno più a casa loro). Come se non bastasse, rende partecipi tutti delle sue lamentele e dei suoi sospetti: non solo la moglie, che ormai non ne può più, ma anche le figlie (sposate e fuori casa) e persino la domestica filippina, che si prende cura di quest'anziana, problematica coppia.

Nevrosi ossessiva e gelosia

Elisabetta ha 29 anni ed è una bibliotecaria. Il suo modo di fare meticoloso, quasi pedante, le è molto utile sul lavoro, un po' meno nella vita. Soprattutto adesso, che è appena finita una sua storia d'amore, burrascosa e intensa, con un'altra donna, Alice. Elisabetta non è solo triste, ma si sente malata, vittima di un'ossessione. È stata la sua prima relazione omosessuale: Alice ha risvegliato in lei le sue inclinazioni erotiche, mai confessate prima e che ora sta tentando di rimettere a tacere. Ripensa infatti a lei con rimpianto misto a disprezzo. Non solo, ma non riesce ad accettare l'idea che Alice abbia una nuova compagna, una ragazza molto giovane di cui è terribilmente gelosa. Il pensiero che sia tra le braccia di un'altra, che rida, scherzi, la baci, le dica le stesse dolci parole che sussurrava a lei, la fa impazzire. E questo pensiero la segue ovunque, anche al lavoro. Per questo Elisabetta è venuta da me: vorrebbe una «pillola anti-gelosia», una pastiglia che le permetta di non pensare più ad Alice e alla sua nuova compagna. Il problema è che non esiste alcuna pillola anti-gelosia... Le ho prescritto un tranquillante, senza successo, poi un antidepressivo, con migliori risultati. Ma la vera strada per la guarigione è un'altra: una psicoterapia cognitivo-comportamentale che analizzi i pensieri ossessivi di gelosia che la invadono sempre di più.

Lotta di potere e gelosia

A volte, invece, la gelosia entra in una lotta di potere combattuta all'interno del matrimonio. È la storia di Ugo e Gemma, una coppia di quarantenni «in guerra». Si accusano reciprocamente, anche con una certa veemenza, di essere la causa della rispettiva infelicità coniugale. Mentre lei si agita e alza la voce, lui annota quello che dice la moglie: un piccolo paranoico diffidente. L'ultimo oggetto del contendere è il telefono. Ugo vuole una linea privata, che possa usare solo lui, nella stanza adibita a studio; Gemma ribatte che è una follia, che allora lui le vuole nascondere qualcosa. Lui replica che è obbligato a farlo perché lei soffre di una gelosia patologica, gli ascolta le telefonate, fruga tra le sue carte, nell'agenda... Eppure Ugo non è la «vittima», come vorrebbe far credere. È molto attento alla pulizia, quasi ossessionato: continua a far licenziare le colf perché, secondo lui, non spolverano bene. Anche davanti a me afferma che la moglie è disordinata, lascia il bagno in condizioni disastrose, non cambia abbastanza spesso le lenzuola... Gemma, d'altra parte, lo accusa di voler «igienizzare» e regolamentare anche la loro vita sessuale; dice che Ugo vuol far l'amore solo due volte al mese, e sempre di sabato.

Si sono sposati tre anni fa e sono stati tre anni di guerra. Ma allora perché continuano a stare insieme? La ragione è da cercare nel loro passato. Ugo è quello che definirei un «celibe accanito», che ha deciso di sposarsi per il semplice motivo che era arrivato il momento di metter su famiglia, ma non per questo ha cambiato le sue abitudini, tanto che continua a vivere come se fosse solo e si irrita se la moglie non segue le regole da lui imposte. A suo favore gioca il fatto che ha accettato in casa il figlio del primo matrimonio di Gemma, cosa che l'aveva convinta di aver trovato il marito giusto.

La storia di Gemma è ancora più complicata, perché ha vissuto per otto anni con un uomo che non voleva figli. Quando lei ha chiesto la separazione, lui ha acconsentito all'idea di avere un bambino solo per tenerla legata a sé, tanto è vero che, nel giro di un anno dalla sua nascita, i due hanno divorziato. Gemma si è ritrovata così in una condizione di solitudine, proprio la cosa che teme di più. Fin da bambina aveva il terrore di rimanere a casa da sola e ricorda con angoscia le lunghe ore passate in camera sua, spaventata dal minimo rumore o fruscio. Quando ha conosciuto Ugo, e ha visto com'era gentile e paziente con suo figlio, si è illusa che potesse comportarsi con lo stesso amorevole affetto anche con lei. Ma non è stato così. Adesso la sua richiesta al marito di andare insieme da uno psicologo è più simile a un regolamento di conti davanti a un giudice che non a un progetto terapeutico.

Questa coppia è impegnata in un'aspra lotta di potere

in cui c'è poco amore e molte rivendicazioni. Entrambi criticano il partner perché non corrisponde al modello che avevano sognato. Il loro futuro coniugale è incerto, anche perché Ugo è piuttosto freddo e tende a evitare i conflitti, preferendo aumentare i suoi spazi di autonomia; il che scatena, purtroppo, la gelosia possessiva di Gemma.

Queste coppie così aggressive, che assumono l'ambiente circostante (il terapeuta, l'avvocato o, peggio, gli amici) a testimone del loro conflitto, sono difficili da gestire, perché non vogliono veramente cambiare, ma solo cambiare l'altro.

VIII

Gelosia criminale

Punire il responsabile della fine di una relazione sembra essere diventata una tragica consuetudine che, dal 1996 a oggi, ha fatto registrare oltre 760 omicidi e 79 suicidi. Gli autori di questi gesti estremi sono soprattutto uomini (62,5 per cento) lasciati dalle loro partner per un altro, o semplicemente perché il rapporto di coppia non funzionava più.

L'uomo, privato della sua identità di «maschio» e impreparato di fronte a questo cambiamento – descritto talvolta come vittima delle condizioni sociali, talaltra come una personalità fragile –, non riesce a controllare i propri impulsi e reagisce con comportamenti distruttivi e/o autodistruttivi nei confronti degli ipotetici responsabili della sua sofferenza. Facendosi giustizia da solo, cerca di ristabilire il suo ruolo o, in alcuni casi, di reimpossessarsi dell'oggetto d'amore attraverso un sacrificio di sangue.

Di fronte alle separazioni, le donne reagiscono diversamente. Spesso affondano nella depressione, cominciano a soffrire di anoressia o di altri disturbi alimentari, perdono il lavoro.

La separazione dalla persona amata è, come noto, un'esperienza molto dolorosa, talvolta troppo dolorosa se al trauma dell'abbandono si aggiunge il tormento della gelosia. E c'è chi crolla, finendo per fare del male a sé e agli altri. Sono questo dolore insopportabile, questa furiosa disperazione, che si nascondono dietro le fredde statistiche e che hanno provocato, secondo uno studio Eurispes,[1] 40 omicidi negli ultimi due anni, quasi 2 al mese. Con questo loro gesto estremo i colpevoli – in gran parte, come abbiamo detto, di sesso maschile – sembrano dire: «Tu te ne vai e io ti ammazzo», «Meglio morta che insieme a un altro». Sempre secondo i dati forniti dallo studio Eurispes, non solo i delitti passionali sono aumentati in modo esponenziale, ma sempre più spesso vi sono coinvolte coppie senza figli, in cui la donna è indipendente dal punto di vista economico. Così, di quello che una volta era un grande amore, rimane soltanto un titolo in cronaca, e la foto della vittima, sorridente e ignara. Come Maria Rosaria Sessa, una bella ragazza di 27 anni, giornalista di una Tv di Cosenza, uccisa con dieci coltellate dall'ex fidanzato Corrado, dopo una scenata di gelosia. Nelle foto pubblicate dalla stampa, sorride: sorride alla vita, al suo lavoro che le piaceva moltissimo, al suo futuro, che immaginava luminoso e che invece è stato inghiottito dal buio.

Portare la morte, dunque, per suggellare, con il nulla, la fine di un amore. Oggi non possiamo che inorridire, ma fino a trent'anni fa il codice penale italiano contemplava il «delitto d'onore», che prevedeva una riduzione della pena per chi uccideva per vendicare l'offesa subita da un tradimento. E, purtroppo, il delitto d'onore è presente anche in altre culture. L'infedeltà femminile veniva punita con la lapidazione nel mondo mediorientale, con l'affogamento nell'acqua bollente in Giappone, marchiando a fuoco il corpo della «fedifraga» in alcune tribù indiane del Nordamerica. Un modo patriarcale quanto barbaro di mantenere il controllo sulla donna, considerata alla stregua di una schiava la cui colpa deve essere sanzionata con la tortura o con la morte. Perché oggi gli uomini continuano a uccidere le loro compagne «colpevoli» o sospettate di tradimento? Per rispondere a questa domanda ricorrerò, più che ai casi clinici, ai fatti di cronaca, giacché è da queste minime, tragiche storie «alla Simenon» che si può imparare molto, anzi moltissimo sull'animo umano.

PER ONORE

L'archetipo del delitto d'onore maschile commesso per gelosia è Otello, il protagonista dell'omonima tragedia shakespeariana. Otello, il Moro, un generale al servizio dello Stato di Venezia, ha sedotto Desdemona, che per amore suo è fuggita di casa. Il padre di lei, Brabanzio, chiede alla Serenissima di condannare il Moro, accusandolo di avergli stregato la figlia con arti magiche. Il Doge deve occuparsi di questa vicenda privata, perché ha bisogno di Otello come governatore di Cipro per combattere i Turchi. Al Moro, uomo semplice, quasi rigido, sfugge l'ambiguità dei sentimenti: non comprende il comportamento del suocero, né l'invidia di Jago, che inventa un amore di Desdemona con Cassio e usa come prova il famoso fazzoletto. Otello, la cui personalità è lineare, priva di ambivalenze e di chiaroscuri,[2] esprime un mondo di valori assoluti, ed è la paura che il presunto adulterio della moglie possa distruggerlo, piuttosto che l'amore tradito, a spingere il Moro a uccidere Desdemona. Più che un gesto di vendetta, una sorta di sacrificio rituale.

PER SOLITUDINE

In molti drammi della gelosia il movente è la solitudine, il vuoto angosciante e intollerabile lasciato dalla donna che se n'è andata, la ferita sempre aperta dell'abbandono, come se gli uomini non riuscissero ad affrontare il distacco.

Luigi, 47 anni, non accettava che, cinque mesi prima, Anna Maria l'avesse lasciato per rifarsi una vita con un altro. La incontrava ogni giorno in fabbrica e, per dimenticarla, ha cominciato a bere. Poi, un giorno, nella piazza del paesino veneto dove vivono, l'ha aggredita con un'accetta e le ha reciso i tendini della mano sinistra, che lei aveva alzato per difendersi. Il parroco, che lo conosce bene, dice che «Luigi non sopportava la solitudine». Ed è vero. Gli uomini, soprattutto quando rimangono vedovi, non sanno gestire la nuova condizione in cui vengono a trovarsi. Si aggirano in una casa vuota, spoglia, silenziosa, per loro «incomprensibile», perché prima ogni cosa, dalla lavatrice alla cena, era delegata alla donna. E adesso, improvvisamente, si sentono smarriti.

Ricordo un uomo di 65 anni che aveva perso in Borsa l'eredità della moglie. Lei, fuori di sé, l'aveva lasciato, ma poi, convinta che fosse stato maldestro più che scorretto, era tornata dal marito. Quest'ultimo mi disse: «Per fortuna, perché senza di lei mi stavo trasformando in un barbone».

È soprattutto negli anni della vecchiaia che la solitudine pesa come un macigno, tanto è vero che spesso è un amore senile (e forse il sentimento che potrebbe essere l'ultimo) a far compiere gesti criminosi. Come è accaduto a Treviso, dove una triste rivalità tra Isidoro, 77 anni, e Armando, 75, è finita in tragedia.[3] Ambedue erano innamorati della loro badante Morena, una volontaria trentottenne che, su incarico del Comune, prestava loro assistenza domiciliare. A un certo punto la donna decise di non andare più da Armando, perché la infastidiva sessualmente, e questi cominciò a covare un profondo odio verso Isidoro, che nemmeno lo conosceva. Una notte, recatosi a casa del rivale, tagliò la rete di recinzione, forzò una finestra e lo aggredì con un coltello. Non riuscendo a ucciderlo, lo cosparse di benzina e gli diede fuoco.

Se per gli ultrasettantenni la solitudine è una condizione particolarmente drammatica, e pressoché definitiva, esiste un'altra categoria di maschi che non riescono a reggere la loro nuova situazione: i separati. Profondamente destabilizzati, sentono con angoscia che hanno perso (o che stanno per perdere) non solo una donna, la loro compagna, ma tutto quello che hanno costruito: la casa, la famiglia, i figli, la posizione sociale, insomma l'identità. Anche se i sociologi ci ripetono che i nostri sono tempi di instabilità matrimoniale, che un «sì» non è più «per sempre», anche se il divorzio è un evento che rientra ormai nella norma e le famiglie allargate e ricomposte sono sempre più numerose, ci sono uomini che non sanno reggere il distacco e pensano che, «scacciati» da quello che è stato fino a ieri il loro mondo, la loro verità, non saranno più in grado di andare avanti. Meglio allora morire, e far morire, con sé, tutto quello che era loro.

Penso sia questa la spiegazione del tragico eccidio di Chieri, alle porte di Torino.[4] Un quarantenne separato, Mauro Antonello, in un tragico mattino di ottobre aspetta che la figlia salga sullo scuolabus e poi, in pochi minuti, compie una strage: uccide l'ex moglie, la suocera, i cognati, due vicini di casa... Tre armi (un revolver calibro 38, una pistola semiautomatica, una mitraglietta), cinquanta colpi sparati senza pietà, l'ultimo rivolto contro se stesso. Era stato lasciato dalla moglie per sfinimento: lui, violento e manesco, la picchiava, e lei se n'era andata. Poteva comunque vedere la figlia, come è nei diritti di un padre separato, ma aveva preferito eclissarsi e preparare la sua vendetta. Nel camper dove da una settimana si era appostato per osservare gli spostamenti delle sue future vittime aveva lasciato un delirante video di confessione e una decina di lettere-testamento: «Ho provato a ricomporre la mia famiglia ma non ce l'ho fatta. Ho capito che per me, senza mia figlia e mia moglie, non c'è più futuro».

C'è anche chi uccide l'ex moglie e il suo nuovo convivente, e tenta una tragica, impossibile fuga insieme al figlio: è successo, sempre in Piemonte, in provincia di Vercelli.[5] Il bimbo aveva appena quattro anni.

PER ORGOGLIO

Ci sono poi crimini commessi «per punizione»: uomini che aggrediscono donne che hanno «osato» sfidarli, mettendone in discussione la supremazia. L'esempio classico ce lo offre un capolavoro della lirica, la *Carmen* di Bizet. È per Carmen, la bella e affascinante sigaraia, che Don José tradisce l'uniforme e perde l'anima. La donna prima lo seduce, lo fa sognare, ma poi si innamora di un altro, il torero Escamillo. Tra le braccia di quest'ultimo, ride dell'uomo che non vuole più, e Don José la uccide. Non tanto per il tradimento, ma per il rifiuto del suo amore: Carmen lo allontana con fare orgoglioso e sprezzante, come se non l'avesse mai conosciuto. E, per alcuni uomini, questa «devalorizzazione» dei sentimenti è intollerabile.

PER RABBIA

Cominciamo, ancora una volta, con un fatto di cronaca. Siamo a Viareggio, dove Furio, 45 anni, si apposta sotto casa e vede un uomo salire nel suo appartamento.[6] Si tratta di Daniele, 50 anni, che da sei mesi è l'amante di sua moglie. Allora gli monta una rabbia insostenibile e incontrollabile. Con un coltello da cucina prima si avventa sulla consorte, poi sul rivale, uccidendoli entrambi. Dopodiché, sbollita l'ira, aspetta le manette dicendo: «Nonostante tutto, l'amavo ancora». Questo perché, in alcune persone, amore, passione e rabbia sono sentimenti molto vicini, come quelle coppie che litigano e si picchiano, per poi far pace a letto.

Ho conosciuto una coppia di trentenni, entrambi molto belli e attraenti, che mi prendevano a testimone delle loro diatribe. Soltanto in un secondo tempo ho capito che era un modo per far salire i decibel del loro erotismo. Un po' come il tormentato rapporto tra Richard Burton ed Elizabeth Taylor, che per un certo numero di anni alternarono percosse e passione, con l'alcol come additivo.

È vero, dunque, che se in alcune coppie la rabbia indotta dalla gelosia riaccende l'eros, in altre non si limita a produrre scintille ma incendia tutto ciò che incontra sulla sua strada. E l'amore finisce con un rogo. Penso alla morte di Marie, figlia adorata di Jean-Louis Trintignant. Io non so che cosa sia successo a Vilnius, quella notte di luglio, tra l'attrice (che era in Lituania per girare un film sulla scrittrice Colette) e il suo compagno Bertrand Cantat, leader della band Noir Désir. Una furibonda scenata di gelosia del cantante, con botte e incontenibili accessi d'ira, favorita da un mix esplosivo di alcol e droga? Forse non lo scopriremo mai. L'unica cosa certa è che Marie è finita in ospedale con un'emorragia cerebrale e non si è più risvegliata dal coma. Una donna che è vissuta seguendo le sue passioni (ha avuto quattro figli da quattro compagni diversi) ha trovato la morte per mano di un uomo che, probabilmente, l'amava di una passione malefica.

Secondo lo psichiatra fiorentino Stefano Pallanti, questa evoluzione verso l'istinto omicida è dovuta all'abbassamento dei valori morali.[7] Pallanti sostiene infatti che la gelosia è legata ai sentimenti più arcaici e all'istinto di programmare geneticamente la continuazione di se stessi tramite la procreazione. Quando il declino dei valori morali indebolisce la capacità di autocontrollo, riemergono i nostri istinti più primitivi, come la rabbia omicida.

Anche Proust diceva che non si è mai così spietati come quando si è innamorati, sicché si potrebbe sostenere che, per alcune coppie, la rabbia e la violenza indotte dalla gelosia sono l'altra faccia dell'amore.

C'è poi chi giunge alla violenza spinto non dalla propria gelosia, ma da quella del partner. Come quel sessantacinquenne che ho avuto in cura e di cui per ovvie ragioni non farò il nome. Aveva ucciso la moglie perché, sosteneva, lo faceva impazzire con le sue continue scenate di gelosia. Condannato, scontò nove anni di carcere, rivelandosi un detenuto modello. Dopo essere uscito di prigione, ha ricominciato una nuova vita con un'altra donna, per fortuna non gelosa.

PER RIVALITÀ

Anche scatenare la propria aggressività contro il rivale anziché contro l'oggetto d'amore è un crimine dettato dalla gelosia. Come nella storia del keniota Tanu, arrivato dall'Africa dieci anni fa e ora in possesso di un regolare permesso di soggiorno e di un lavoro, che incontra una giovane connazionale, Malaika.[8] La ragazza è molto bella e riempie d'amore la sua solitudine di emigrante. Senonché, nell'azienda dove lavorano entrambi arriva un nuovo capo (un bianco, ovviamente), che manifesta subito attenzioni particolari per Malaika. Pause pranzo più lunghe, inviti a cena... E lei ne è in parte lusingata. Tanu sopporta, finché un giorno, davanti a tutti, il capo palpeggia la ragazza. A quel punto Tanu pensa che se lei non ha il coraggio di difendersi, lui ne ha a sufficienza per tutti e due. Non vuole fargli del male, solo dare una lezione al rivale. Comunque sia, quest'ultimo finisce per cadere dalle scale, arriva un'ambulanza e, naturalmente, la polizia. «Non è morto, ha solo delle ossa rotte» commenta il geloso. «Del resto non è colpa mia se lui è un ometto e io Tanu, l'elefante.»

Al di là di ogni considerazione etnica, o di rivalità razziale, in questa storia ci sono due uomini che si fronteggiano, dotati di due poteri diversi: uno ha la forza fisica, l'altro il ruolo di capo. In numerose culture che enfatizzano il valore dell'orgoglio maschile è facile spingersi a comportamenti delittuosi, tanto che spesso il geloso manesco non si sente neppure in colpa.

PER POSSESSIVITÀ

Chi è innamorato è, «naturalmente» e spontaneamente, possessivo, come se la possessività fosse un istinto intrinseco all'amore. E poi c'è la voracità, analoga a quella di alcune mamme che dicono al loro bambino: «Mi piaci tanto che ti mangerei».

Divorare l'essere amato perché nessuno possa più toccarlo... Su tali forme di «cannibalismo sentimentale» siamo soliti scherzare, ma che cosa succede quando la possessività esce dall'ambito metaforico e diventa violenza? Penso a un altro omicidio: quello di Nadia, una ventenne torinese uccisa dal fidanzato non perché lo tradisse, ma perché chattava a sua insaputa. Un tradimento soltanto emotivo, e via Internet, punito con la morte.

Un altro caso di estrema possessività, che per fortuna non è giunto fino al crimine, è quello di Eleonora, un'impiegata comunale di 30 anni, amante di un uomo sposato di origine siciliana. Lei ormai vive nel terrore, e per questo chiede aiuto. Lui è così geloso che le proibisce di andare a mangiare in mensa con i colleghi e la obbliga a consumare il pranzo da sola, nel suo ufficio. La controlla quando va al supermercato per verificare che ci vada davvero e quanto tempo ci passa. Quando fanno l'amore, le lascia dei segni ben visibili – dei «succhiotti» – sul collo, quasi un «marchio» di possesso. Eleonora, che all'inizio era molto presa da lui, ora ne ha paura, e teme che, se non gli obbedisce, lui potrebbe compiere un gesto inconsulto. Le abbiamo consigliato di consultare un avvocato che parli, «da uomo a uomo», all'amante.

Può essere utile cercare la mediazione di una persona estranea e con un ruolo istituzionale ben definito (un avvocato, un poliziotto, uno psichiatra), perché questi uomini possessivi e tendenzialmente violenti a volte si fermano davanti all'autorità. Ogni altra strategia – compresa quella di cercare di farli ragionare – è, almeno all'inizio, impraticabile.

«Ti amo, perciò ti uccido»: i perché dei delitti femminili

Finora abbiamo parlato di comportamenti criminosi maschili, ma ovviamente ci sono anche donne accusate di delitti passionali. A Milano, nel dopoguerra, il caso di Rina Fort – che uccise l'amante, sua moglie e i suoi figli – è passato alla storia.

La zona del lago di Ginevra, dove io risiedo, è stata lo scenario di un altro delitto celebre. La moglie di un dentista aveva anestetizzato e gettato in acqua l'infermiera e amante del marito. Alla polizia aveva detto che la donna era caduta accidentalmente.

L'impulso di eliminare, o punire, la rivale è forse il movente segreto di molti crimini femminili, giacché le donne sembrano più portate a dirigere la loro aggressività, e la loro rabbia, verso l'altra donna, la «colpevole», la «rubamariti». È come se non riuscissero a addossare all'amato – giudicato vittima, o preda, quasi inconsapevole – la responsabilità del tradimento.

Probabilmente anche Rosa S., cinquantenne di Aversa, non aveva intenzione di uccidere il marito.[9] Gli aveva detto che sarebbe andata a trovare la figlia ad Ancona. Lui, Giuseppe, ex muratore, ne aveva approfittato per invitare a casa la sua amante, una donna ucraina. Ma un imprevisto ha scatenato la tragedia. Giunta ad Ancona e preso atto che la figlia era fuori città, Rosa ha preso il primo treno ed è tornata a casa. E così li ha sorpresi, a letto. Allora ha afferrato una pistola (che Giuseppe teneva in casa, legalmente denunciata) e l'ha puntata contro l'ucraina. Il marito ha cercato di fermarla, prima a parole, poi facendo scudo con il corpo, proprio nel momento in cui sua moglie faceva fuoco. E, nel tentativo di proteggere l'amante, ha perso la vita. Rosa si è lanciata su di lui, ha cercato di prestargli soccorso e, mentre l'amante si dava alla fuga, ha telefonato ai carabinieri e si è consegnata alla giustizia.

Probabilmente, un imprevisto è alla base anche di uno dei grandi delitti per gelosia americani, uno dei pochi commessi da una donna. Nel 1980 fu celebrato il processo contro Jean Harris, accusata dell'omicidio di Herman Tarnower, il medico che inventò la famosa dieta Scarsdale.[10] Jean, quando conobbe il dottor Tarnower, o meglio «Hy», era una quarantenne divorziata, con due figli già grandi; un'insegnante (poi preside) delusa dalla vita, ma con tanta voglia di sognare, di viaggiare, di innamorarsi ancora. Credette di trovare quel che cercava in Hy, un uomo freddo e spigoloso, ma ricco e affascinante. Che cosa le offriva? Meravigliosi viaggi intorno al mondo, nei quali sapeva essere un compagno brillante e allegro, benché sempre raggiunto da lettere, telefonate, telegrammi da lui frettolosamente liquidati come «lavoro» e che erano, invece, messaggi della sua assistente e amante. E cos'altro le offriva? Una sontuosa villa in campagna, che lei amava moltissimo ma dove era soltanto un'ospite. Negli ultimi anni, poi, vi veniva «ammessa» solo per il weekend (e non tutti i weekend), e le capitava di trovare nel bagno (il «suo» bagno) la «sua» vestaglia usata dall'altra donna, i profumi e le creme dell'altra, e, un giorno, gli abiti che aveva lasciato nell'armadio fatti a brandelli. Non era necessario cercare le prove del tradimento, visto che Hy non nascondeva la sua relazione. Ma tutto cominciò a crollare intorno a Jean quando, durante uno dei loro viaggi, si accorse che all'interno dei gemelli d'oro che lui non abbandonava mai c'era la dedica dell'altra: «Tutto il mio amore. Lynne». Quello fu il punto di svolta per una donna che si sentiva invecchiare (si avvicinava ai sessant'anni) e mettere in disparte per un'amante più giovane. Eppure, quando Jean arrivò alla villa da cui temeva di essere bandita per sempre con una pistola nella borsetta, non voleva uccidere Hy, voleva suicidarsi, come aveva ribadito nella lettera d'addio scritta prima di partire. Voleva togliersi la vita nel luogo dove era stata felice insieme a lui. Ma poi ci furono lacrime, il confronto, un litigio, una colluttazione, e chi perse la vita mentre tentava di toglierle di mano la pistola fu Hy. Lei finì in carcere e i giornali la definirono «l'anziana amante che uccide per gelosia». Gelosa lo era sicuramente ma, come sostenne sempre in tribunale, non avrebbe mai potuto uccidere l'uomo che amava. Jean Harris fu comunque condannata per omicidio. Dopo dodici anni di carcere, ora vive nell'isolamento del suo giardino, dove scrive e si occupa delle ex compagne di Bedford Hills, la prigione dove fu detenuta, e dei loro bambini.

In altre situazioni, invece, l'aggressività femminile scatenata dalla gelosia si dirige verso l'uomo conteso. Giancarlo, 46 anni, dirigente di una ditta farmaceutica, è sposato, ma tradisce la moglie con Marzia, 35 anni, un perito chimico che lavora in uno dei laboratori dell'azienda. Marzia chiede il trasferimento nella sede centrale, dove si trova l'ufficio di Giancarlo: per essergli più vicina, gli dice, ma in realtà per controllare le altre donne, le colleghe e possibili rivali. Finché la moglie di Giancarlo rimane incinta, mentre lui giurava a Marzia che da anni non avevano più rapporti sessuali. È allora che Marzia, sentendosi presa in giro, mette delle sostanze tossiche nell'acqua che lui tiene sempre sulla scrivania. Portato d'urgenza in ospedale, si salverà. Non così il loro amore.

Ed era gelosa Patrizia Gucci, la bella donna dagli occhi azzurri che sposò uno degli eredi della famosa casa di moda e fu poi accusata di aver organizzato l'omicidio del marito? Quel che è certo è che lo stilista morì per mano di un killer che gli sparò sotto casa. Patrizia è in carcere da anni, anche se non è ancora stato emesso un verdetto di condanna definitivo.

Chi scatena la gelosia?

Le personalità di coloro che inducono la gelosia sono molto varie. Tra gli uomini è a rischio il narciso, che segue sempre (anche nella sessualità) i propri bisogni e i propri desideri, senza mai tener conto di quelli della partner. Un narciso è capace di tradire la moglie con la sua migliore amica, o sulla piazza del paese, sottoponendosi così alla gelosia e ai rischi di vendetta.

E le donne? Le tipologie variano, da Desdemona a Carmen. Desdemona non fa niente per indurre la gelosia di Otello, è una vittima degli intrighi di palazzo. Carmen, invece, è una donna ribelle, indipendente, passionale; quando sceglie il torero Escamillo, non esita a gettare fieramente l'anello che le ha regalato Don José, il suo pegno d'amore. È allora che l'ex amante la pugnala. Sono molte le donne orgogliose e coraggiose come Carmen che, quando l'amore è finito, dicono addio, senza voltarsi indietro. Anche se Carmen segue unicamente le sue pulsioni e non si accorge del pericolo.

Altre donne accettano la gelosia del loro uomo come una prova d'amore. Ecco un altro fatto di cronaca. Centro di Torino, sabato pomeriggio, vetrine illuminate, gente che fa shopping. Savino entra in un negozio di abbigliamento e ingiunge alla sua fidanzata, che è una commessa:

«Dammi il tuo cellulare, voglio sapere chi ti telefona».[11] Poi la trascina fuori, afferrandola per i capelli, e la obbliga a salire in macchina, mette in moto e comincia a guidare come un pazzo per farle paura. Lei gli dice che il cellulare è rimasto in negozio. Tornano, e Savino prende a calci tutto quello che trova, finché la proprietaria chiama la polizia. Nella sua auto viene trovato un coltello a serramanico e lui finisce in prigione. Il giorno dopo, però, lei lo difende: «Non è successo niente di grave. È solo un po' geloso; ma mi adora, e io gli voglio bene».

Il perdono

In molti casi di gelosia criminale o patologica l'odio ha il sopravvento sull'amore, mentre in altri casi si arriva al perdono, sia per ragioni pratiche (per esempio, per tenere insieme la famiglia, per salvaguardare i figli) sia per vero amore.

È la storia di Corrado e Agnese, ora vicini alla cinquantina. Lui è dirigente in un ente pubblico, e non ha mai voluto che la moglie lavorasse fuori casa: non ce n'era bisogno, continuava a ripetere. Dopo una decina d'anni di matrimonio, quando i figli vanno già a scuola, lei torna alla carica: dice che si annoia. Allora Corrado le «concede» di accettare un lavoro part-time in un'agenzia di viaggi. Agnese diventa l'amante del titolare. I due fanno persino dei viaggi insieme, ufficialmente «di lavoro», invitati dai tour operator che pubblicizzano i vari villaggi vacanze. Corrado fa finta di niente. Anche per avarizia, immagino, giacché in questo modo tutta la famiglia riesce a fare vacanze frequenti e con un budget ridotto. E poi non vuole correre il rischio di separarsi: ha paura di dover mantenere moglie e figli per il resto dei suoi giorni. Nel giro di un paio d'anni, però, l'agenzia di viaggi comincia ad avere problemi economici. Alla fine il titolare è costretto a chiudere e a cambiare attività. Agnese torna a casa e Corrado, in contrasto con la sua innata avarizia, le regala un anello da 30.000 euro, come pegno per l'inizio «di una nuova tappa di vita insieme». Non hanno mai parlato del tradimento e, probabilmente, non ne parleranno, mai. Forse il perdono di Corrado non è dettato da vero amore, intriso com'è di altre motivazioni (la famiglia, la convenienza, la voglia di non perdere quello che hanno costruito insieme), però funziona.

Un altro perdono mi sembra più autentico. Carlo, 60 anni, è un manager di una multinazionale. Sposato, ha una relazione clandestina con Valentina. L'amante ha 35 anni ed è impiegata nell'area marketing della stessa azienda. Anche lei è sposata, con un medico. Carlo ha affittato un monolocale, vicino all'azienda, che diventa il loro segreto «nido d'amore»: è lì che scompaiono per lunghe pause pranzo, è lì che si danno appuntamento la sera, ogni tanto, imbastendo qualche scusa di lavoro. Finché il marito di Valentina, insospettito dalla sua aria «strana», sempre distratta, e dai troppi impegni «professionali», comincia a indagare. E scopre tutto. Allora decide d'impulso. Un giorno, senza dir niente alla moglie, si presenta nella mensa aziendale mentre tutti sono seduti a pranzo e, davanti a capi e colleghi, chiede ad alta voce a Valentina di scegliere tra lui e Carlo. Quest'ultimo pensava che l'amante lasciasse il marito e gli chiedesse di fare lo stesso, per cominciare una vita insieme. Invece Valentina sceglie il marito. Non solo, chiede il trasferimento, e i due cambiano città e nel giro di breve tempo hanno una figlia.

In questo caso mi sembra che l'amore si sia dimostrato più forte dell'orgoglio, laddove nelle gelosie criminali è l'orgoglio ferito che fa compiere gesti terribili.

Un delitto mancato

Ho ricevuto, tempo fa, la lettera di un uomo angosciato, Salvatore, che mi raccontava come la moglie, a letto, l'avesse chiamato Giuseppe. Non conoscendo la situazione, ma dato che nel resto della lettera Salvatore si mostrava molto determinato, quasi violento, ho deciso di proteggere la moglie. Gli ho risposto che l'episodio non mi sembrava così preoccupante, in quanto non era necessariamente la prova di un tradimento. Poteva essere invece un'inconfessata fantasia erotica della moglie: capita, gli dicevo, che tra le lenzuola emergano scenari intimi del passato, fantasticherie che accendono il desiderio, addirittura attori o scene cinematografiche che ci hanno particolarmente colpito...

Due anni dopo, invitato a una conferenza da un uomo politico, fui ricevuto all'aeroporto dalla sua guardia del corpo. Ebbene, l'uomo che mi aspettava era proprio lui, Salvatore. Fu lui che si rivelò, raccontandomi della sua lettera e della mia risposta, chiedendomi ancora una volta se la mia tesi era davvero «scientifica» e se, quindi, poteva fidarsi. Dando un'occhiata alla pistola che aveva con sé, mi dissi che forse avevo evitato un delitto di gelosia.

IX
Gelosie non sentimentali

La gelosia non nasce solo per amore. Si può essere gelosi in famiglia o in ufficio, si può provare gelosia per un cane, un gatto, e persino per certi oggetti che vogliamo «solo per noi». Del resto, in alcune persone questo sentimento è un vero e proprio tratto del carattere. Paola, 24 anni, mi scrive: «Sono gelosa di natura, di qualsiasi cosa sia mia. Della mia casa, dei miei genitori, di mia sorella, dei miei nipoti, delle mie amiche; sono gelosissima di mio figlio e supergelosa di mio marito». Quando Paola vede l'auto dell'ex fidanzata del marito, si sente in preda a un sentimento incontrollabile: «Mi sembra quasi di tremare dalla rabbia. E la mia giornata è rovinata».

In genere, però, vi sono situazioni e relazioni particolari che generano la gelosia. Vediamo le più comuni.

La suocera: l'altra donna nella vita di lui

Freud affermava che in un letto matrimoniale ci si ritrova almeno in quattro: lui, lei, la madre di lui e il padre di lei. Una metafora semplice ed efficace per spiegare quanto forte possa essere, su una nuova coppia, il condizionamento dei genitori, il mancato superamento del complesso edipico o, comunque, la difficoltà del distacco pratico ed emotivo dei coniugi dalle famiglie d'origine.

In prima linea, ovviamente, il rapporto suocera-nuora, che ancora oggi può scatenare, oltre alle gelosie, vere e proprie guerriglie famigliari, senza esclusione di colpi. Proviamo a capire perché una suocera possa diventare, almeno a detta della nuora, così ingombrante.

Alcune donne si identificano totalmente con il ruolo di madre e adottano nei confronti del figlio maschio un atteggiamento protettivo permeato di apprensività, che lo rende insicuro fino all'età adulta. Inconsciamente hanno bisogno di essere considerate sempre le migliori e possono arrivare a soffrire di gelosia nei confronti della donna che il figlio ha scelto come compagna di vita, nonché interferire pesantemente nella nuova coppia. Quando le ingerenze si limitano ad aspetti concreti della vita quotidiana, sono sufficienti alcuni piccoli accorgimenti. A mio avviso, però, è inutile che la moglie imponga degli aut aut, perché il marito entrerebbe in crisi e in questa insicurezza si insinuerebbe subito la madre con tutto il suo ascendente. In fondo, l'uomo ha dimostrato di volersi rendere autonomo dalla famiglia d'origine, facendo un passo importante come il matrimonio. Magari ha ancora qualche incertezza di troppo, ma proprio per questo la nuova coppia deve impegnare tutte le sue energie.

È bene, dunque, separarsi fisicamente dalle rispettive famiglie d'origine (decisamente sconsigliabile, quindi, l'appartamento sopra quello dei genitori o sullo stesso pianerottolo) e stimolare il partner a prendere le decisioni importanti all'interno del nuovo nucleo famigliare, in modo tale che ogni successiva interferenza non diventi poi ingerenza. Altrettanto fondamentale, poi, è non creare legami basati sul bisogno della madre di lui, che altrimenti avrebbe subito il pretesto per reinserirsi nella vita di coppia (anche se la suocera ha qualche problema di salute, può essere benissimo curata a casa propria, e non è necessario che si trasferisca armi e bagagli nell'appartamento della neofamiglia).

Il problema nasce quando la dipendenza madre-figlio è di tipo emotivo-affettivo.

Olga, 27 anni, è fidanzata da cinque con Giovanni, che ne ha 33 e vive da solo. Viene da me e scoppia subito in lacrime, perché un mese prima ha «dovuto» interrompere la sua gravidanza. Alla notizia dell'arrivo del bambino, lei e Giovanni erano entusiasti: cominciavano a pensare a un futuro matrimonio e a una casa grande da comprare, visto che entrambi abitavano in due monolocali. Il sogno si infrange nel momento in cui Giovanni si reca nella sua città per comunicare la notizia ai genitori. Al ritorno, comincia a manifestare una forte indecisione. Olga cerca di farlo parlare e lui le confessa che la madre era rimasta «molto delusa» dal suo unico figlio maschio. Giovanni viveva dunque il conflitto tra l'approvazione materna e l'amore per la fidanzata. A quel punto Olga ha deciso di abortire, perché non sopportava l'idea di dover portare avanti la gravidanza senza l'appoggio del compagno. In realtà, Olga non ha avuto abbastanza fiducia in se stessa, avallando in un certo senso la delusione provata dalla madre di Giovanni.

Detto questo, è indubbio che sono le suocere che devono spingere i loro figli verso il futuro, nella speranza che prima o poi l'onda di riflusso lo riporti a casa, magari attraverso un nipotino.

Carlo e Barbara sono sposati da dieci anni. Sono arrivati al matrimonio tardi, dopo i quarant'anni, e non hanno figli. Il loro problema è la madre di lui: ogni volta che si avvicina troppo alla coppia, Barbara perde totalmente il desiderio. Carlo è figlio unico e sua madre, abbandonata dal marito (fuggito dall'Italia, e dai debiti), l'ha cresciuto da sola e si è sempre appoggiata a lui. Lui andava a trovarla, in genere a pranzo, due o tre volte alla settimana. Poi la madre è stata operata di un tumore, e Carlo ha insistito per ospitarla a casa. Barbara è molto delusa dal comportamento del marito, la cui alleanza con la madre malata è palese. Barbara ora ha 55 anni. Dice che ha già sofferto di un calo del desiderio durante la menopausa (la penetrazione le procurava dolore), un problema risolto con un rimedio suggeritole dal ginecologo. Ora, però, non c'è una ragione fisica: non ha più voglia di fare l'amore con il marito perché è insoddisfatta, è gelosa e non sopporta la frustrazione. Non vuole sesso, ma tenerezza. E Carlo? Lui vorrebbe invece far l'amore più spesso, gli piacerebbe che la moglie indossasse abiti più sexy, biancheria più intrigante... In realtà, il loro disaccordo è comune a molte altre coppie, perché l'uomo vuole il sesso *prima*, e *poi* può diventare tenero, mentre la donna è spesso tenera *prima*, e *poi* può arrivare al sesso. Ma, al di là di questo meccanismo, non va dimenticata la gelosia di Barbara, che si sente messa da parte e soprattutto, da quando è arrivata la suocera, spodestata dal ruolo di «donna di casa». Per questo ho proposto una terapia della comunicazione coniugale che chiarisca, in particolare a Carlo, i due diversi modelli di «vicinanza sentimentale» alle donne della sua vita: eroticamente vicino alla moglie, ma emozionalmente vicino alla madre malata. Propongo inoltre alla coppia di sperimentare il «massaggio californiano»: i partner, in pratica, devono accarezzarsi e massaggiarsi reciprocamente partendo dalla «periferia», per esempio dai piedi, ed escludendo l'area genitale. In questo modo si riesce a stabilire un contatto corporeo e sensoriale nel quale la moglie apre la sua «corazza» e si lascia andare, mentre il marito si trattiene da impulsi sessuali immediati. In fondo Barbara e Carlo hanno molte ragioni per stare insieme, solo che non sanno come risolvere il conflitto nuora-suocera.

Anche Silvio, 36 anni, vive un conflitto di coppia ed è depresso. Non prova desiderio per la moglie Paola, sua coetanea, che invece continua a incalzarlo per avere rapporti. Prima avevano una vita sessuale attiva, anche se molto insoddisfacente per lei, perché – dice – lui faceva l'amore «come un ginecologo». Invece, con la depressione, Silvio ha visto tornare i fantasmi del passato, le donne vissute come streghe. Qual è il problema? Silvio è rimasto intrappolato in una diatriba senza fine, tra sua moglie e sua madre, sul ruolo della donna moderna: Paola è una ragazza indipendente, battagliera, che considera valori ormai acquisiti i diritti delle donne e un modello di coppia paritario, mentre per la suocera, ultratradizionalista, il femminismo è solo una parola.

Silvio è molto legato alla madre, e non appena sente le due donne discutere, interviene cercando di mediare le due posizioni. Il risultato è che, mentre la madre si calma, Paola si sente tradita. E le due donne hanno innumerevoli occasioni per litigare: dalle più stupide («Perché mai Silvio non dovrebbe sparecchiare? Noi ci dividiamo i compiti domestici» dice Paola alla suocera inorridita) alle più serie («Ho sempre votato quello che mi consiglia mio marito e continuerò così» taglia corto la madre di Silvio). Dunque, Paola è non solo gelosa ma anche arrabbiata, perché a suo parere il marito non prende una posizione chiara. Oltretutto, a questo conflitto famigliare si è aggiunto l'impoverimento della loro vita sessuale, ormai prossima allo zero.

Paola viene da una famiglia importante, che l'ha spinta sulla via del successo e dell'affermazione professionale. Silvio è sicuramente più fragile, ma più lei lo tratta da bambino, più lui ricade nella depressione. Spesso nelle terapie di coppia assistiamo a questo «messaggio paradossale», in cui il partner forte, pur facendo all'altro delle richieste, lo tratta come un bambino e non come un adulto responsabile. Ho cercato di spiegare a Paola questo meccanismo, ma lei è molto rigida ed esasperata. Dice che se il loro matrimonio non migliora, se non altro dal punto di vista erotico, lei divorzierà, perché ha tollerato abbastanza le debolezze del marito.

Quello che queste donne aggressive non capiscono è che non è un caso che la loro scelta sia caduta su un uomo debole. Ed è così anche per Paola: nella sua famiglia d'origine, con un padre affascinante e autorevole, celebre docente universitario, e un fratello entrato in politica, non c'era «posto» per un altro uomo forte. È per questo che lei ha scelto un compagno creativo, gentile, ma fragile, e adesso se ne lamenta. La gelosia che prova nei confronti della suocera è più che altro rabbia per il marito, che non riesce, secondo lei, a «tenerle testa».

La soluzione non passerà, quindi, dall'interno del rapporto di coppia. Esclusivamente i farmaci e una psicoterapia di sostegno potrebbero rinforzare non solo la sessualità ma anche la virilità di Silvio, in modo che possa tener testa alla famiglia di origine di lei. E, magari con un po' più di fermezza, anche alla madre.

Non rubarmi mia figlia!

Abbiamo parlato delle madri possessive di figli maschi, che spesso diventano suocere insopportabili, ma non dobbiamo dimenticarci dei padri. Il loro «picco» di gelosia si manifesta, in genere, quando la figlia entra nell'adolescenza, comincia a farsi donna e ad avere i primi corteggiatori...

D'altra parte, una volta c'erano dei rituali che conferivano importanza al ruolo del padre. Per esempio, il primo ballo della figlia a diciotto anni, il suo debutto in società. Più avanti, era al padre che il futuro genero chiedeva la mano della sposa, ed era sempre il padre che l'accompagnava all'altare. Oggi, però, non solo la maggior parte di questi rituali è stata abolita, ma il genitore vede la sua bambina diventare donna sempre più precocemente. Già a dodici-tredici anni le «piccole donne» chiedono di truccarsi, vogliono magliette corte per mostrare l'ombelico... L'ingresso nella lunga adolescenza, insomma, è sempre più anticipato.

Alcuni padri superano la gelosia e si atteggiano a genitori moderni, dichiarano che la loro casa è aperta e ben presto permettono che la figlia porti in camera il fidanzato e vada in vacanza con lui, anche prima di aver compiuto i fatidici diciotto anni. Altri padri, in base a un ragionamento «preventivo», si consolano pensando che una ragazza che si fidanza presto è meno soggetta al rischio Aids. Altri ancora soffrono per l'allontanamento, reale o psicologico, della loro «bambina» perché è un segno dell'età che avanza, oltre che la perdita di una «donna di casa», come nelle antiche tribù.

Penso a Ferdinando, 60 anni, un uomo molto soddisfatto di sé. È orgoglioso del suo lavoro (ha una piccola fabbrica di componenti meccaniche) e della strada che ha fatto, nella vita e nella carriera, grazie alla sua ambizione e alle sue energie. In azienda è moderno, creativo, all'avanguardia, mentre a casa è un uomo all'antica, che occupa saldamente la plancia di comando e con la moglie si comporta come un despota. Quando lei ha preso le difese della figlia, che aveva un fidanzato che non corrispondeva alle sue aspettative, Ferdinando è dato in escandescenze. E, dopo la sua «solita» crisi di nervi, è scivolato in un'inaspettata depressione. Si è reso conto che, in famiglia, non poteva farsi obbedire come dai suoi operai, e per lui dominio e gelosia erano due sentimenti contigui, molto vicini. Venuto a chiedermi consiglio, cercai di elaborare con lui il suo sentimento di onnipotenza, ma Ferdinando si convinse che il suo amore per la figlia era stato rifiutato (mentre a essere rifiutata era stata soltanto la sua gelosia prevaricante e dispotica). Si buttò a capofitto nel lavoro, rafforzandosi nell'idea che il mondo dei sentimenti è molto infido.

Gelosie baby

Cosa succede, invece, quando a scatenare la gelosia è un neonato? È la classica situazione di quando nasce il primo figlio, perché la coppia diventa una famiglia: da due, il numero perfetto degli amanti, si passa a tre, numero dispari per eccellenza. Chi è maggiormente colpito da questo terremoto che sconvolge la coppia? In genere, il neopapà, geloso della simbiosi che si viene a creare tra mamma e bambino, insofferente verso quell'intruso che ruba tempo, attenzione, carezze. E che, spesso, si intrufola anche nel lettone.

Ma ci sono anche neomadri gelose: sono le donne-baby-doll, capricciose bambine anche a quarant'anni (e oltre), abituate a essere viziate e coccolate dal marito, e infastidite da tutte le attenzioni che ora il compagno riserva al figlio. O, al contrario, mamme molto impegnate sul lavoro, che appena rientrano in ufficio diventano gelose del loro bambino perché devono lasciarlo tra le braccia di una baby-sitter o di una nonna, con cui entrano subito in competizione. Soprattutto se il piccolo sembra sorridere di più alla tata che a loro...

E, infine, un fenomeno ancora abbastanza raro, ma interessante: quello della mamma, in genere «tardiva», gelosa del rapporto che si instaura tra il figlio e un padre «moderno», accudente, fin troppo presente. Lo spiega la giornalista americana Laurie Abraham con straordinaria lucidità e sincerità, raccontando una qualsiasi giornata accanto al marito, «padre perfetto», e la loro lotta per ottenere le attenzioni della bimba.[1]

Numerose, quanto difficilmente confessate, sono anche le gelosie baby nelle famiglie ricostituite, o allargate, cioè quelle che nascono dopo un divorzio. Lo racconta Carla, che ha 35 anni e si confida: «Quando ho conosciuto Saverio, mi stavo separando, mentre lui era uscito di casa già tre anni prima, quando suo figlio non aveva nemmeno un anno. Eppure era un padre adorabile, presente, legatissimo al bambino, tanto che aveva chiesto l'affidamento congiunto. Io mi sono innamorata di lui, ma ho capito subito che in quest'amore saremmo stati in tre: io, lui e suo figlio. Già al primo appuntamento mi ha parlato del bambino e non ha saputo resistere: me ne ha mostrato la foto che teneva nel portafoglio. Al secondo appuntamento mi ha chiesto se volevo conoscerlo. E nel giro di pochi mesi siamo andati a vivere insieme. Io, lui e, ovviamente, suo figlio, che stava con noi un weekend sì e uno no, più una sera alla settimana.

«All'inizio lui e il bimbo mi facevano tenerezza, poi ho cominciato a essere gelosa: sì, gelosa di un bambino di quattro anni, peraltro simpatico, e che miracolosamente non mi ha dichiarato guerra, come capita spesso con i figli di divorziati. Ma io non lo sopportavo lo stesso. Era uno strano sentimento, che all'inizio non osavo confessare nemmeno a me stessa. Mi dava fastidio perché, nei weekend che passavamo insieme, stava sempre attaccato a suo padre, non lo mollava mai; le favole della buonanotte duravano un'eternità e di solito finiva che Saverio si addormentava a letto con lui, stanchissimo, mentre io avrei voluto vedere un film in Tv o bere un bicchiere di vino insieme. Invece niente, c'era sempre quel bambino tra i piedi, un bambino che non era mio e che gli rubava tempo, attenzione, energia. Sono passati cinque anni, e la situazione, confesso, non è molto migliorata, diciamo che ho imparato ad accettarla. E poi adesso sono incinta. Spero che l'arrivo di un fratellino, o una sorellina, riporti più equilibrio nella nostra famiglia allargata».

E questo è solo un esempio, perché nelle famiglie allargate, o «patchwork», le combinazioni possibili sono pressoché infinite: ci sono lui e lei, i figli avuti insieme, ma anche quelli dei matrimoni precedenti di lui e di lei, gli eventuali figli dei nuovi compagni dell'ex moglie e dell'ex marito... E quindi infinite sono anche le possibilità di gelosie incrociate.

Del resto, anche i bambini non ne sono immuni. Quest'estate ho assistito a una scenetta curiosa. Siamo al mare, sdraio vicine sotto l'ombrellone. Edoardo, 12 anni, è figlio di separati e vive con la mamma, e guarda con sospetto un signore troppo galante. Finché gli racconta che la madre ha già un fidanzato, il quale colleziona coltelli. Aneddoto minaccioso, e molto abilmente inventato dal ragazzino geloso.

Madri e figlie, vicine e rivali

Un'altra situazione a rischio di gelosia è quella tra madre e figlia. Vittoria, 18 anni, è una ragazza sensibile e in questo momento è molto arrabbiata con sua madre, una donna separata. Vittoria vuole andare in vacanza da sola e, soprattutto, cambiare il rapporto con la madre, senza però litigare. La madre invece, che ha «parentificato» la figlia e la tratta come se fosse il marito che non c'è più, non vuole che parta. Sotto le sue preoccupazioni affettuose (per esempio, che Vittoria possa correre dei pericoli durante il viaggio) c'è la convinzione che il dovere di una figlia sia di rimanere a casa e occuparsi della madre. Vittoria non ha un fidanzato, quindi la madre non può fare obiezioni su una vacanza a due; ma, possessiva com'è, è gelosa delle amiche della figlia, in particolare della sua amica del cuore, che vede come una rivale.

Questa è una madre che non solo non ha spezzato il cordone ombelicale, ma vuole che funzioni al contrario, cioè che sia la figlia a nutrire lei. Già il modello del cordone ombelicale non è corretto dal punto di vista educativo, poiché tiene i figli legati alla madre, ma quando quest'ultima è sola e depressa e usa il legame con i figli per superare la solitudine, occorre intervenire con la psicoterapia e lavorare sulla separazione, sull'autonomia. Cosa molto difficile con una madre come quella di Vittoria, così possessiva e «controllante», che fruga nei cassetti e nel cestino della carta, ascolta le telefonate, e che ha mantenuto un fortissimo legame con la figlia anche nelle piccole cose quotidiane: per esempio, insiste per lavarle lei i capelli, ogni settimana.

Fortunatamente Vittoria ha degli impulsi sani e non si sente in colpa nel suo movimento di allontanamento. Anzi, usa le vacanze con gli amici proprio come pretesto, come primo passo nella sua strada verso l'indipendenza. Non è Vittoria che mi preoccupa, ma la madre. Oltre al sostegno psicologico, sarà necessario escogitare per lei soluzioni più concrete, come per esempio un gruppo di autoaiuto al femminile per aumentare l'autostima, l'iscrizione a una palestra insieme a un'amica, al limite la «pet-therapy» di un cucciolo che le faccia compagnia, visto che non sopporta assolutamente la solitudine.

Sabina, invece, ha 55 anni e mi scrive che la madre, ora ottantunenne, da giovane era stata molto bella e molto viziata dal padre (il nonno di Sabina), e che lei per tutta la vita l'ha considerata come una rivale. Il rapporto tra madre e figlia è sempre stato difficile (Sabina ha tre fratelli, ma è l'unica figlia femmina). La madre si vergognava della sua timidezza, criticava le sue amicizie; poi, quando Sabina si è sposata, ha cercato di imporsi in casa sua, arrivando al punto di maledirla (così almeno racconta la figlia) e di accusarla di ingratitudine e malvagità, e lamentandosene persino con il confessore.

Credo che la madre di Sabina fosse un'isterica e che proiettasse la sua rivalità edipica sulla figlia. La donna con una personalità isterica (oggi definita «istrionica») vuole essere l'unica, o perlomeno la prima, e questo tratto caratteriale è più forte anche dell'istinto materno. A Sabina riesce difficile perdonare alla madre questa gelosia, che ha sempre subìto e di cui non ha alcuna colpa. La vive come una profonda ingiustizia, e la capisco. Credo che sua madre avesse dentro di sé quella «voglia distruttiva» di cui parla Melanie Klein,[2] che le ha impedito di aprirsi alla coesistenza.

Bisogna ammettere che in alcuni casi, come quelli delle madri di Vittoria e di Sabina, l'istinto materno, che nella nostra società è fortemente idealizzato, è infiltrato da bisogni individuali che alla fine risultano preponderanti. È per questo che non tutte le figlie possono intraprendere quello che la psicoanalista Anna Salvo[3] ha definito un piccolo viaggio dentro se stesse per raggiungere «l'indulgenza nei confronti della propria madre, nel com-prendere la madre con tutti i suoi limiti di provare com-passione». Davanti a simili madri, le figlie possono solo compiere fughe affettive verso una malattia (spesso, bulimia e anoressia) o a volte, come Vittoria, verso la vita. Sabina deve guardarsi invece dalla depressione, perché porta ancora dentro di sé il disprezzo materno, come una maledizione.

Più chiaro, dal punto di vista della gelosia, ma non per questo meno tormentato, il caso di Veronica, 41 anni, che a soli ventidue anni ha avuto una figlia, Giada. Pur essendo rimasta incinta per errore, ha sposato il padre della bambina, dal quale ha avuto altri due figli maschi e insieme al quale ha costruito un matrimonio equilibrato e felice. Eppure, Veronica sente crescere dentro di sé sentimenti negativi nei confronti della figlia. A mano a mano che Giada si avvicina all'adolescenza, comincia a esibire le prime curve e ad attirare gli sguardi maschili, lei si sente sempre più brutta e vecchia. L'amore per la figlia diventa così rabbia mista a gelosia. Giunge al punto di desiderare che la figlia imbruttisca: in vacanza, quando la quindicenne Giada dice che vuole mettersi a dieta, Veronica si rende conto che sta moltiplicando le torte, le pietanze golose, quasi per «tentarla» a tavola.

Eppure Veronica è ancora giovane, piacente, snella, ed è consapevole che il confronto continuo con la figlia è assurdo, la fa sentire un mostro, ma in lei le pulsioni sono più forti della volontà. Giada intuisce qualcosa e comincia a diffidare della madre. Cresce, nel fisico e nel carattere, in modo indipendente da lei. Si iscrive a un corso di danza classica e di teatro, è brava a scuola, ma Veronica continua a non sopportare la sua giovinezza e il suo successo. Probabilmente, il suo continuo criticare la figlia è un modo di continuare a esistere per lei. Quando compie sedici anni, Giada rompe il silenzio: scrive alla madre un biglietto in cui si dice disposta a fare qualunque cosa purché lei smetta di odiarla. Ma è tutto inutile. Veronica non riesce a uscire dall'incantesimo della gelosia. La figlia cerca la protezione del padre, e poi, seguendo l'istinto, abbandona la casa appena possibile: a diciotto anni va a vivere con il fidanzato. Solo a quel punto, a 40 anni, Veronica decide di iniziare una psicoterapia, per far uscire quel mostro di gelosia che ha dentro di sé, il «mostro dagli occhi verdi» per usare le parole di Shakespeare.

Sono molte le persone innamorate, e le madri, che devono lottare contro questo groviglio di sentimenti negativi che covano sotto il coperchio della gelosia. Ne parleremo nel capitolo XIII.

Tra fratelli e sorelle

Ho conosciuto due sorelle, figlie di genitori divorziati, donne adulte che hanno superato l'età dei normali conflitti adolescenziali. Eppure, tra di loro, la tensione permane. La maggiore continua a vivere con sua sorella un rapporto di odio-amore, con l'ambivalenza tipica degli adolescenti. Cerca di sminuire qualsiasi iniziativa, professionale o individuale, della sorella, con la quale tuttavia si confronta su ogni cosa, perché non ha fiducia nelle proprie capacità. La minore è cosciente di subire un torto, ma si sente in colpa per la sua superiorità, spesso viaggia per lavoro e conosce molte persone interessanti.

Come superare un tale conflitto, ormai «storico»? Quello che devono fare le due sorelle è accettare di guardarsi dentro per diventare consapevoli di sé e del loro rapporto, senza aver paura dei commenti altrui. È un percorso lungo e difficile, perché richiede al tempo stesso la rielaborazione di rabbie antiche e conferme dall'esterno (e il riconoscimento sociale, come sappiamo, è spesso oggetto di gelosia).

È possibile stimare un fratello, o una sorella, e nel contempo avere così poca fiducia in se stessi da provare gelosia e invidia per i suoi successi. La consapevolezza dei propri limiti provoca rabbia e sofferenza, e si intreccia con sentimenti di inferiorità. Del resto, spesso chi ha una scarsa autostima si circonda di persone che confermano le sue convinzioni, il che fomenta l'invidia: un circolo chiuso dal quale è difficile uscire.

Clelia ha due sorelle. È nata in un paesino dell'Italia centrale affacciato sul mare, in una villa antica, polverosa e quasi diroccata, con un grande giardino, che era appartenuta ai nonni. Le sorelle si sono sposate, mentre lei, la piccola di casa, ha frequentato l'università a Roma. Si è laureata, ha cominciato a lavorare, e poi, un'estate, è tornata a casa. Si era appena licenziata per un lavoro più interessante e impegnativo, e si era presa un periodo di tre mesi per riposare e occuparsi degli affari di famiglia. Poiché la madre, vedova, si era ammalata, Clelia ha fatto costruire un nuovo bagno, ha sostituito la vecchia lavatrice e comprato una lavastoviglie, ha chiamato un giardiniere per occuparsi del roseto, ormai trascurato. Le altre due sorelle, invece di esserle grate per aver seguito (e pagato) i lavori, hanno cominciato a ingelosirsi, a insinuare che fosse una strategia per farsi lasciare la casa in eredità. Clelia ha intuito queste tensioni e alla fine dell'estate se n'è andata, chiedendo il trasferimento all'estero e rinunciando all'eredità. Ha voluto allontanarsi definitivamente da questa tossica gelosia famigliare.

Molte volte le gelosie tra fratelli assumono una forte intensità emotiva. Ricordo che un conoscente, durante un litigio con la sorella, anche qui per ragioni vagamente connesse all'eredità, prese il suo gatto e lo buttò dal balcone del quarto piano.

Queste gelosie sono invece tollerate nei bambini, come nel caso del piccolo Ivo. Quando è nata la sorellina, lui ha ricominciato a fare la pipì a letto.[4] Come reagire? A volte bastano dei cambiamenti educativi, che conferiscono al figlio più grande un ruolo in famiglia. Per esempio, nel caso di Ivo, la terapeuta alla quale i genitori si sono rivolti ha deciso di far stringere al piccolo un'alleanza con il padre. Il bambino, in segreto, usa un «quadernone» dove annota per il papà il comportamento della sorellina (quante volte ha pianto, se ha mangiato tutta la pappa, ecc.). Ivo diventa dunque il «referente paterno» per le cose di casa, dato che il padre è spesso assente per lavoro. Con questa semplice tattica psicologica l'enuresi è stata superata nel giro di un mese.

Nel caso di Matteo e di suo fratello Giorgio, invece, la gelosia è nata nell'infanzia e poi, «trasformata», è ricomparsa nell'età adulta (tra i due fratelli vi sono solo tre anni di differenza). In famiglia si racconta spesso come, quando la madre andò in clinica per la nascita di Giorgio, e al primogenito fu spiegato che sarebbe presto arrivato un fratellino, Matteo andò in camera sua per nascondere, il più in fretta possibile, il trenino che gli era stato appena regalato, l'inseparabile coniglio di peluche, e qualche tavoletta di cioccolato trafugata dalla dispensa. La gelosia (e la paura dell'intruso) erano già in azione. In realtà, poi, alla gelosia è ben presto subentrato il senso di protezione: Matteo difendeva il fratello più piccolo, correva in suo aiuto se c'erano bambini maneschi, ne era complice e alleato. All'università Giorgio conosce, durante l'Erasmus (l'anno all'estero che aveva scelto di passare presso l'università di Barcellona), una ragazza francese. I due si innamorano e, una volta tornati a casa, continuano a scriversi. Dopo la laurea, Giorgio decide di trasferirsi in Francia e di sposarsi. A questo punto ricompare la gelosia di Matteo, questa volta diretta contro la malcapitata ragazza francese. Matteo, che non sopporta l'idea di «perdere» il fratello, le fa una guerra spietata. Durante il primo anno di lontananza, ogni pretesto è buono per precipitarsi in Francia a «controllare» la situazione. Insomma, un cognato più temibile di qualunque suocera. Poi, a poco a poco, Matteo si abitua, così come si era abituato nell'infanzia, e la situazione torna alla normalità, quella di una gelosia – temporaneamente – sopita.

Più bizzarro il caso di Luca. Ha 30 anni, e da tre è il compagno di Jacopo, un architetto quarantenne che per lui ha lasciato la moglie. All'inizio quest'unione viene accolta con entusiasmo dalla sorella di Jacopo, e solo dopo Luca capisce perché: era terribilmente gelosa della moglie che, secondo lei, le aveva «rubato» il fratello, a cui era legatissima. La sorella, dunque, difende la nuova coppia, anche davanti ai genitori, che all'inizio rimangono scioccati dall'inaspettata rivelazione dell'omosessualità del figlio; invita spesso Luca e Jacopo a cena, presenta con orgoglio Luca a tutti i suoi amici come «il fidanzato di mio fratello», progetta vacanze insieme. L'idillio dura poco. Quando si rende conto di aver perso una cognata ma acquisito un cognato, ricominciano i suoi dispetti, e le sue piccole, insistenti scenate di possessività e gelosia.

Nell'amicizia, sul lavoro

Negli uomini esiste la gelosia da competizione sociale verso il successo – o comunque verso la posizione privilegiata – altrui.[5] L'intensità del sentimento dipende dalla meta ambita, sia essa una donna o un oggetto importante (per esempio, una barca). Un fattore altrettanto rilevante è se il rivale usa metodi scorretti, appoggi politici o soldi non suoi, perché il senso di ingiustizia aumenta la gelosia maschile.

Molti uomini, del resto, usano la propria energia non in modo costruttivo, bensì per ostacolare un altro, o per danneggiarlo. Un esempio personale. Una volta fui invitato a tenere alcune conferenze in un'università italiana. Passato qualche mese, ricevetti un altro invito da parte di un professore della stessa facoltà, al quale magari la cosa non interessava granché, però era geloso del successo dell'iniziativa del docente rivale.

E nelle donne? Sul lavoro i dispetti si sprecano, ma in genere contro «pari», cioè le colleghe dello stesso livello, mai contro capi o superiori. La segretaria non è gelosa della sua dirigente, anzi l'ammira. È gelosa invece dell'altra segretaria, che ha appena ricevuto un complimento per un incarico ben svolto, o comperato un abito nuovo, sul quale più tardi, per caso, rovescia il caffè. L'abbigliamento è un buon terreno di «scontro» per donne gelose. Alcune sono molto restie a rivelare dove hanno acquistato quel certo maglione di cachemire, o quel paio di scarpe in saldo, e non danno l'indirizzo nemmeno all'amica del cuore. Peggio ancora è la gelosia per le ricette: ci sono torte, e piatti speciali, i cui ingredienti non vengono mai rivelati. Non si possono divulgare perché sono molto di più di un segreto culinario (magari tramandato in famiglia); sono un «distintivo», un emblema.

Particolare attenzione merita la gelosia femminile della bellezza dell'amica o della collega. Nelle ragazze belle, la gelosia subita costituisce un handicap.

Mi viene in mente Marta. Ha 26 anni, un viso luminoso, un'andatura da modella, ma il punto forte della sua bellezza sono i capelli biondi e lisci, che porta sciolti sulle spalle. Ha un carattere forte e appare sicura di sé. Non sopporta però le gelosie delle colleghe, che la criticano perché ogni volta che il responsabile della ditta passa nel loro ufficio le fa dei complimenti ambigui. Le altre ragazze, che vorrebbero essere notate a loro volta, finiscono per colpevolizzare Marta. Lei allora ha deciso di attrarre meno l'attenzione: si raccoglie i capelli, legandoli in un severo *chignon*, opta per un trucco leggerissimo, e sta bene attenta a non presentarsi mai in gonne corte o camicette attillate. Però il suo animo pacifico è disturbato da queste tensioni nell'ambiente di lavoro. Vorrebbe che le sue colleghe fossero più solidali, e più professionali.

A volte la gelosia si trasforma in un'attrazione morbosa, come nel caso di Greta. Ha 22 anni, studia all'università e da tre anni è fidanzata con un ragazzo che, dice, ama «da impazzire». Il problema è un'ex fidanzata di lui, che frequenta la stessa facoltà e che «con lui sorride a cinquanta denti, invece a me lancia solo sguardi di odio e di gelosia». Quando l'altra ragazza si è fidanzata di nuovo, l'atmosfera si è tranquillizzata; anzi, le due coppie a volte sono uscite insieme. Ma è qui che Greta scopre un'ossessione per l'altra ragazza. Ha cominciato a imitarla nel modo di vestirsi, di truccarsi e pettinarsi. Sulla sua agenda annota quello che si dicono, che fanno insieme. Ha anche pensato di uscire di nascosto con il ragazzo dell'altra, però lo trova bruttino. Il fidanzato di Greta non sa nulla della sua fascinazione, ma lei è seriamente preoccupata e mi chiede come mai prima, quando l'ex era una minaccia sentimentale, ne era soltanto gelosa, mentre adesso che sono amiche ha dei comportamenti così maniacali.

Io credo che una piccola parte di Greta sia attratta da questa donna, tant'è che i suoi sentimenti forti, e negativi, non hanno cambiato intensità ma segno. Sono ugualmente forti, però si sono trasformati in un'ossessione. È come se la parte più evoluta di Greta continuasse la relazione con il suo fidanzato, mentre una piccola parte avesse sviluppato un'ossessione verso la sua ex. Strano? Eppure, come abbiamo detto, già Freud spiegava che dietro le emozioni provocate dalla gelosia si può nascondere un istinto omosessuale.

Prendetemi tutto, ma non la mia macchina

Ricordo una donna gelosa perché, in macchina, il marito parlava più con il cane che con lei. Ed era vero: nella coppia c'era una comunicazione negativa che non veniva neppure espressa, dato che i coniugi si trattenevano da commenti, provocazioni, per evitare di litigare. Mentre con il cane, per ovvi motivi, il marito si sentiva libero di dire tutto quello che voleva.

Capita spesso, del resto, che gatti e cani acquisiscano un ruolo e un'importanza, agli occhi del padrone, che li trasforma quasi in persone: diventano così, di caso in caso, amici fedeli, ma anche bambini amatissimi, compagni che non tradiscono mai... Mi è successo più volte di vedere come, durante una separazione, marito e moglie litighino per ottenere l'«affidamento» del cucciolo; e ci sono coppie che si accordano su visite a weekend alternati, proprio come si fa con i figli.

Ed è il cane, o il gatto, che catalizza intense gelosie. Dora ha 45 anni e adora un piccolo Jack Russell: è un po' il suo «primo» bambino, dato che gliel'ha regalato il marito quand'erano ancora fidanzati. Poi si sono sposati, sono nati i figli... Ma il cane ha ancora un posto speciale nel suo cuore. E, visto che il marito non permette che dorma in camera con loro, anzi le fa delle scene di gelosia quando la vede accarezzarlo e baciarlo con piglio da amante, Dora ha preso un'abitudine. Quando il marito parte per un viaggio di lavoro (il che accade spesso), porta con sé a dormire il cane. Badando bene di cancellare ogni traccia, prima che il marito ritorni.

Dal cane alla macchina, altro «compagno» quotidiano delle nostre vite, a cui certi uomini sono legati in maniera quasi «sentimentale». Altrimenti perché tanta cura nel lavarle, lucidarle, tenerle immacolate nel box? Ci sono mariti che non lasciano guidare la loro macchina alla moglie. Quando un altro uomo graffia, per sbaglio, la carrozzeria o occupa il «loro» posto al parcheggio, sono urla e scenate, senza vergogna di rendersi ridicoli. Non credo di esagerare se dico che ci sono uomini più gelosi della propria automobile che della propria moglie. Come mai? È un simbolo sessuale, segno di potenza e aggressività virile, ma è anche una corazza, un'armatura, come quella dei cavalieri medievali. È per questo che toccare (senza autorizzazione) o danneggiare l'auto di alcuni uomini è molto pericoloso, perché è come entrare, abusivamente, nella loro intimità.

E le donne? Come ho detto, sono più gelose delle loro ricette, degli abiti, dei libri. Ricordo un'amica che soffriva quando doveva prestare uno dei suoi romanzi; se non glielo ridavi entro un mese (e in perfette condizioni), piantava un muso intollerabile. Del resto era possessiva e un po' maniacale con tutte le «sue» cose. Litigava puntualmente con la donna di servizio che, facendo pulizia, cambiava posto ai suoi profumi in bagno, o alle foto nelle cornici d'argento e ai soprammobili in sala. Tutto doveva essere al «suo» posto, cioè quello che lei aveva scelto. Era una donna un po' ossessiva, gelosa delle sue cose, più che di suo marito.

X
Gelosia e invidia

Spesso facciamo confusione tra gelosia e invidia. Qui non voglio parlare dell'invidia, che ho già descritto in un altro libro,[1] ma mostrare che si tratta di due sentimenti indipendenti, che hanno però, dal punto di vista semantico e psicologico, un tratto in comune.

Un esempio preso dalla cronaca: il 14 settembre 1991, in piazza della Signoria a Firenze, un uomo sferrò un colpo di martello al piede del *David*. Arrestato, dichiarò: «L'ho fatto perché sono geloso dell'opera di Michelangelo». David, eroe giovane e bello in lotta contro la forza malvagia di Golia, è un vincente, quindi può generare la rabbia dell'invidioso. Eppure l'iconoclasta di Firenze, intervistato dai giornalisti, ha usato il termine «geloso».

Ecco invece un esempio di cronaca intima. Quando, in una famiglia felice, nasce Sofia, il cane comincia a zoppicare. Poiché il veterinario sostiene che non c'è nulla di anormale dal punto di vista fisiologico, i neogenitori pensano che il cane sia «geloso» della nascita della bambina. In realtà, come spiegano gli etologi, non si tratta di gelosia ma di angoscia di perdere il ruolo, o il posto, che il cucciolo aveva nella famiglia. Come spiega Boris Cyrulnik,[2] psichiatra francese molto noto anche in Italia, il geloso si identifica con il suo rivale, mentre gli animali – a eccezione degli scimpanzé – non hanno questa capacità di rappresentarsi l'Altro. L'animale vive in un mondo che gli è diventato familiare; introdurre un nuovo ordine può avere delle conseguenze sul carattere, ma non è gelosia.

E quindi, in entrambi i casi, così diversi tra loro, si tratta di vissuti intensi, che erroneamente chiamiamo gelosia.

Secondo Nancy Friday,[3] fin dall'antichità ci fu questa confusione. La Bibbia, quando racconta la storia di Caino e Abele, o di Esaù e Giacobbe, o la parabola del figliol prodigo e dei suoi fratelli, non parla né di gelosia né di invidia. Le parole ebraiche usate nel Vecchio Testamento, «*Qana*» e «*Qinah*», possono significare infatti, secondo il contesto, gelosia, invidia o ardore.

La confusione tra gelosia e invidia è altrettanto evidente in Shakespeare. Secondo Lily Campbell, Otello è un dramma della gelosia, ma può essere interpretato anche come il dramma di Jago, omosessuale latente, innamorato di Otello e geloso di Desdemona, che vuole acquisire la potenza di Otello.[4] E quindi quest'opera, citata spesso come un capolavoro sulla gelosia, è anche una dimostrazione classica della potenza dell'invidia.

Un'altra ragione della confusione tra gelosia e invidia è dovuta al fatto che la seconda è uno dei sette peccati capitali, anche se in genere non viene riconosciuta né ammessa (molti invidiosi sanno che il sentimento da loro provato non è «pulito», perciò lo trasformano in gelosia, socialmente più accettabile). Ora che i peccati sono stati «sdoganati», molti riconoscono, con un certo orgoglio, di essere vittime della pigrizia, della gola, addirittura della lussuria, «contrabbandata» come edonismo e piacere di vivere. Ma l'invidia non è mai menzionata, anche perché spesso si «traveste» e non viene riconosciuta. È per questo che, sparlando del collega che ha fatto carriera, diciamo che è merito dei suoi appoggi politici; oppure insinuiamo che la collega promossa sia andata a letto con il suo capo... Preferiamo passare per pettegoli (che smascherano nascoste strategie o inghippi) piuttosto che per invidiosi.

A volte, alla reazione invidiosa si sostituisce la denigrazione dell'obiettivo ambito. Come nella favola della volpe che, non riuscendo a raggiungere l'uva, si consolava dicendo che era acerba.

In alcuni casi, comunque, è prevalente l'invidia. Due esempi classici, presi dal mondo dell'arte, sono quelli del pittore Guido Reni, rivale del Caravaggio, e di Antonio Salieri, compositore ufficiale alla corte dell'imperatore d'Austria, che nutrì un odio feroce per il giovane Mozart (amò la sua musica ma ne invidiò il genio).

C'è poi un altro malinteso, di natura culturale. Nei Paesi latini l'invidia provoca rabbia e distruzione (Cristiano Castelfranchi[5] lo definisce «malanimo»), mentre in quelli protestanti, soprattutto negli Stati Uniti, suscita ammirazione e quindi si trasforma in emulazione, un'energia che può avere esiti positivi. Lo sanno bene i pubblicitari, che inducono all'acquisto di un prodotto facendo leva su un meccanismo molto semplice: «Compralo, sarai invidiato dai tuoi amici».

In alcuni casi, invidia e gelosia coesistono. Alessandro, 33 anni, è timido e introverso. Si è innamorato di una collega, che però è già felicemente fidanzata e non si rende neppure conto della sua sofferenza. Così Alessandro sente crescere dentro di sé l'invidia per l'altro uomo, che ha una compagna dolce, disponibile, perfetta. Può fare l'amore con lei e stringerla tra le braccia quando vuole, mentre lui è solo. Ovviamente, oltre che invidioso è anche geloso della donna che ama, perciò la felicità della coppia esaspera la sua sensazione di fallimento. Alessandro viene in terapia e confessa la sua rabbia. All'inizio si chiede se per uscire da questa situazione può bastare la volontà, o se invece è necessario l'aiuto della fede cattolica.

A mio parere, la terapia dell'invidia deve basarsi fondamentalmente sul rinforzo dell'autostima, perché solo aumentando la propria sicurezza, la sensazione di valere, è possibile confrontarsi con gli altri in modo positivo. Penso, dunque, che Alessandro debba intraprendere una psicoterapia individuale che gli consenta di migliorare l'immagine di sé e di liberarsi di questa passione irrazionale, che non ha senso né futuro.

Alessandro vive sentimenti analoghi a quelli di chi, non

sopportando che gli altri abbiano le cose che lui non ha, le distrugge, perché gli sembra più «facile» vivere se anche gli altri perdono quello che hanno: l'amore, la casa, il successo. È questo il meccanismo alla base di alcuni vandalismi gratuiti (rigare una macchina, imbrattare di vernice un portone ecc.), o delle maldicenze che, denigrando oppure sminuendo l'altro, rendono più accettabile il paragone con se stessi.

Se è vero che alcuni con l'ostentazione della loro superiorità possono provocare negli altri sentimenti di invidia, non è questo il caso della collega di Alessandro, la cui sola «colpa» è di avere una storia sentimentale felice.

Trovo molto interessante un caso raccontato dalla psicologa Valentina D'Urso,[6] quello di un uomo che soffre di gelosia retrospettiva per l'ex fidanzato della sua compagna. Il fatto curioso è non solo che l'ipotetico rivale è defunto, ma che proprio questo accentui la gelosia, mescolandola all'invidia: l'uomo continua a paragonarsi alla figura idealizzata dell'altro, non deteriorata dal tempo. Invece di pensare a sé, alla sua storia d'amore, e di giocare le sue carte, non cessa di confrontarsi con il rivale scomparso, invidiandone le presunte qualità. Al punto da cominciare a praticare lo sport nel quale il primo fidanzato eccelleva, non si sa se per spirito di emulazione o per attivare un meccanismo seduttivo nei confronti della compagna.

Anche le amicizie femminili sono spesso complicate da sentimenti di gelosia e di invidia. A volte sono confusi, non esplicitati, come se le donne avessero paura di dichiararsi gelose o invidiose. Eppure si tratta di sentimenti normali, ancorché fortissimi, soprattutto nell'adolescenza, quando tutto viene vissuto con passione. Tipico, a sedici anni come a venti, provare invidia per l'amica perché si è fidanzata e, nel contempo, gelosia, perché il fidanzato è un rivale che ruba tempo e attenzioni.

Per questo ho trovato molto interessante il racconto di Stefania, che in fondo è la storia di due (ex) amiche: «Ho bisogno di un consiglio. Carlo, il mio ragazzo, con il quale ho un magnifico rapporto, continua a essere periodicamente contattato dalla sua ex, Marcella ... È una cosa che detesto. Sono terribilmente gelosa, e non so cosa fare. So solo che se vado avanti così rischio di rovinare il rapporto con lui: ogni volta che mi racconta qualcosa del suo passato, provo una sensazione fastidiosa allo stomaco, e non riesco neppure a nascondere il mio disagio. Devo fare un preambolo, però. Io, Carlo e Marcella eravamo compagni di classe al liceo; non solo, io e lei siamo state amiche per la pelle per più di dieci anni. Eravamo, a dir poco, inseparabili. Io le ero sinceramente affezionata, mentre lei, alla luce di quanto è accaduto in seguito e di quanto lei stessa ha confidato a un'amica comune, ha sempre nutrito una forte invidia nei miei riguardi. Finché questo sentimento ha preso il sopravvento, allontanandola definitivamente da me dopo la mia laurea (con lode!). Cosa che non le è mai andata giù, anche perché lei non è riuscita a finire l'università; in realtà ha dato solo un paio di esami e per anni si è barcamenata in lavoretti occasionali, fino ad avere la fortuna di trovare un impiego dignitoso.

«All'epoca della nostra amicizia, io ero fidanzata con un ragazzo, mentre Marcella stava con Carlo. Per molto tempo siamo usciti insieme, tutti e quattro; eravamo molto uniti, ci divertivamo parecchio. Dopo la laurea, comincio a lavorare, la mia professione mi piace e mi permette di viaggiare, così Marcella inizia ad allontanarsi sempre più da me. Più io ero appagata, serena, gratificata da quanto facevo, più lei evitava di vedermi. Non voleva sapere nulla che mi riguardasse. Anzi, ogni volta che c'incontravamo, la nostra conversazione verteva solo su di lei, sui suoi attacchi di panico e sul suo rapporto ormai stanco con Carlo. Tengo a precisare che ho tentato di parlarle, di conservare quest'amicizia che stava scomparendo sotto i miei occhi, ma senza risultati. Lei ribatteva che non era vero nulla, che questa distanza, fra di noi, io me la immaginavo. E invece, col tempo, ci siamo completamente perse di vista.

«Io, intanto, cambiavo giro di amici; era un periodo in cui ho conosciuto molte persone nuove, sul lavoro, durante i miei viaggi, e grazie al corso di danza che ho iniziato a seguire. Di conseguenza, anche le mie occasioni d'incontrare Carlo si sono diradate fin quasi a scomparire. Almeno finché, circa un anno dopo il mio distacco da Marcella, lui mi chiama per invitarmi alla sua festa di laurea. Ci vado. E lì, la rivelazione: mi confessa di avermi pensato spesso... Mi propone di uscire con lui, per il piacere di una serata "come ai vecchi tempi". Io accetto volentieri (preciso che entrambi eravamo ancora fidanzati). Ci rivediamo. E pian piano nasce il nostro amore. Un amore che mi sembra dettato dal destino: pieno di passione, di emozioni, di tenerezza. Sono passati tre anni e ancora ci emozioniamo, ci eccitiamo solo guardandoci, sfiorandoci... A volte penso di vivere una favola e temo di perdere tutto. Di perdere Carlo, che amo follemente.

«Ho dei rimorsi rispetto a Marcella? No. Quando io e Carlo ci siamo riavvicinati, il loro rapporto era finito da tempo. Carlo mi ha detto che non parlavano più, non avevano rapporti sessuali da più di un anno e lei lo tradiva con un altro. Ma lui ha trovato il coraggio di troncare solo dopo aver iniziato la relazione con me. Dico "coraggio" non a caso: Marcella è perennemente depressa, bisognosa di attenzioni, e soggetta ad attacchi di panico. Lo teneva legato a sé con una sorta di ricatto morale. La classica persona che ama il suo ruolo di vittima, e cerca sempre di impietosire gli altri. Poi però, quando ci si allontana di un solo metro, diventa una furia, violenta, aggressiva... Perché in realtà, secondo la sua logica, il mondo deve girare esclusivamente attorno a lei.

«Comunque, per farla breve, da quando Carlo l'ha lasciata, Marcella non ha fatto altro che tormentarlo, chiedendogli di tornare con lei. Lo inonda di sms, lo supplica di incontrarla; e lui, che è molto buono, comprensivo, non riesce a dire di no. Carlo mi ripete sempre che non devo temere nulla, che quello che lui prova per lei è semplice affetto. La considera debole, fragile, quasi indifesa; dice che vuole solo aiutarla. Io non riesco a capire perché questo loro cordone ombelicale non si recida. La gelosia mi tormenta e Carlo ne è consapevole, ma nonostante tutto continua a darle retta. Non so se per lui si tratti anche di deformazione professionale, visto che è medico, ma... come faccio a togliergli questa sua inguaribile vocazione da crocerossino?».

Nella storia di Stefania vedo più invidia che gelosia. Mi sembra infatti che le due (ormai ex) amiche, pur così lontane, siano oggi più vicine che mai. Il sentimento principale che le lega è l'invidia, ma fra loro c'è anche competizione, rivalità. Marcella invidiava all'amica il successo, prima negli studi e poi sul lavoro; Stefania le invidia l'ascendente che continua ad avere sul suo fidanzato, il legame che non riesce a scalfire. A unirle è dunque l'invidia, non l'amore per Carlo, che viene strattonato da una parte all'altra.

E se fosse possessività?

La paura di perdere l'oggetto amato può scatenare impulsi possessivi che danno origine a una gelosia maligna che si intreccia all'invidia. Mi viene in mente Judith, 28 anni, una bella signora inglese. Il marito lavora nel mondo della finanza, e lei non sopporta che lui, noioso e quasi addormentato nelle loro conversazioni private, si «risvegli» all'improvviso durante le feste e le cene che lei organizza, o a cui vengono invitati. Judith non è gelosa, perché al marito non interessano le altre donne ma solo le persone con cui può parlare di questioni di Borsa, la sua vera passione (se mostrasse lo stesso entusiasmo a letto, commenta sarcasticamente la moglie, il loro problema coniugale sarebbe risolto). Judith è invidiosa, perché vede che il marito rivela, in altri contesti e con altre persone, quella vitalità che manca al loro matrimonio. Pur frustrata, dalla sua relazione coniugale trae però molti vantaggi, perciò diventa possessiva. Le dà fastidio che lui chiacchieri così tanto alle feste, che preferisca parlare di soldi piuttosto che di sentimenti. Anche se io credo che a essere ferito sia l'amor proprio di Judith, più che il suo amore coniugale.

Francesca, invece, 26 anni, è molto possessiva con il marito, un giocatore di rugby. Sostiene che, per lui, gli amici e i compagni di squadra vengono prima di lei e si lamenta perché a volte lui la lascia sola, per andare a festeggiare una vittoria. Francesca è invidiosa dei momenti «maschili» del marito, perché vuole essere la «sola» priorità. Non ha capito che certi spazi di autonomia sono indispensabili nella coppia che dura: come ripeto sempre, evitare di vivere in simbiosi è uno dei segreti di un matrimonio felice.

Certo, a volte la possessività è determinata dal partner, che si comporta da single pur essendo sposato: un'abitudine, a dir la verità, soprattutto maschile. Molto spesso, però, si tratta semplicemente di una caratteristica psicologica di chi è possessivo.

Per esempio, Letizia, 30 anni, ha una relazione segreta con Alessandra, moglie di un medico che non sospetta nulla, anche perché è attento soltanto ai possibili rivali maschi. Però Alessandra si sente soffocare dall'amante e si domanda come può troncare questa storia clandestina, che le dà piacere a letto ma molte preoccupazioni di cuore. Mentre lei, in amore, ama solo la leggerezza.

Il possessivo, del resto, vuole rinchiudere l'amata e custodirla solo per sé. Costruisce barriere sempre più alte affinché lei non sia esposta al pericolo, reale o immaginario, di gioire senza di lui.[7] «Mi soffochi» grida l'amata. «No, io ti amo più di ogni altra cosa al mondo.» Ma se è veramente amore, perché l'amata ha l'impressione di essere mangiata viva? Lei lo mette in guardia: «Se non mi dai spazio per respirare, ti lascerò». Ma il possessivo non può farlo, perché ha bisogno di tutto ciò che l'amata gli può dare: chiede, supplica, esige, fino a distruggere il rapporto. Ebbene, io penso che la voracità di molti possessivi sia determinata più dall'invidia che dalla gelosia.

Per Melanie Klein,[8] la gelosia è spesso un'invidia mascherata che il neonato prova naturalmente verso il seno materno e verso la madre, da cui dipende e da cui riceve tutto ciò di cui ha bisogno (il latte, il calore). Quando, nell'infanzia, non si è sviluppata empatia tra madre e bimbo, l'adulto avrà difficoltà ad accedere alla gratitudine verso l'altro, inizio di un vero amore o perlomeno della possibilità di una «convivenza». E, infatti, molte persone possessive, più invidiose che gelose, hanno dentro di sé la sensazione di non aver ricevuto abbastanza nella prima infanzia.

In fondo, la principale differenza tra gelosia e invidia è questa: *il geloso teme di perdere ciò che possiede, l'invidioso si tormenta nel vedere che un altro possiede quello che lui desidera (e non ha)*. Quindi il geloso è «più avanti» nella scala dei valori psicologici, mentre l'invidioso è sempre alla ricerca di quello che non ha avuto, sicché, quando stringe una relazione sentimentale, diventa possessivo per paura che il vecchio trauma (la madre che lo ha lasciato senza calore e senza latte) si riproduca con il nuovo partner. È per questo che alcune persone possessive, consapevoli di star distruggendo il loro amore, soffrono e chiedono aiuto.

Eugenia, 24 anni, si rende conto della sua possessività ma non riesce a controllarsi. Ammette di essere invidiosa di una collega di lavoro, ma soprattutto dell'ex del fidanzato, che ha «goduto» del suo amore per tanto tempo. Lui però, dopo cinque anni, comincia a essere stanco di questo tratto del carattere di Eugenia, anche perché, dice, non ha alcun motivo di essere gelosa e sospettosa. Ma lui ragiona sul piano della realtà, mentre lei porta nella vita di coppia «vecchi» sentimenti: la paura di non essere amata, l'abitudine a far dipendere l'autostima dal comportamento dell'altro. Anche quando il fidanzato agisce in modo assolutamente normale, lei si sente in ansia per timore di perderlo. In questi casi, dunque, il terapeuta non dovrà lavorare tanto sulla comunicazione di coppia, quanto sull'autostima personale.

Così nasce la «gelinvidia»

Gelosia e invidia, dunque, sono due sentimenti contigui, spesso sovrapposti. E i fattori psicologici comuni sono così numerosi che la psicologa Valentina D'Urso[9] ha coniato un nuovo termine: «gelinvidia». Vediamoli uno per uno.

a) Sia la gelosia sia l'invidia sono legate all'autostima.[10] Una scarsa fiducia in se stessi è infatti all'origine di molti sentimenti negativi, come appunto l'invidia e la gelosia, ma anche la depressione. Inoltre, molte persone che nascondono agli altri, ma non a se stessi, di essere gelose e invidiose, perdono a poco a poco la sicurezza in se stesse, perché hanno l'impressione di essere dei mostri. L'ipotesi è confermata da un sondaggio effettuato da P. Salovey e J. Rodin su un campione di 25.000 lettori della rivista «Psychology Today».[11]

b) Sia la gelosia sia l'invidia provocano emozioni sgradevoli, per esempio rabbia, rancore, ostilità, benché gli «effetti» della gelosia siano socialmente meno censurabili.

c) Sia i gelosi sia gli invidiosi nutrono per le persone o gli oggetti che generano in loro tali sentimenti un interesse esclusivo, ossessivo, monomaniacale. Risultando, agli occhi degli amici, estremamente noiosi.

d) In genere, né gelosi né invidiosi riescono a capire che ciò che li tormenta nella situazione attuale affonda le sue radici nel passato.

e) Infine, la stessa persona può provocare sia gelosia sia invidia. Per esempio, se una donna ha l'impressione che la vicina di ombrellone civetti con suo marito, può essere non solo gelosa ma anche invidiosa, magari perché la «rivale» è più magra di lei e indossa un costume all'ultima moda.

Qual è la differenza tra gelosia e invidia?

Anche se in questo capitolo ho sottolineato le analogie tra gelosia e invidia, non concordo con molti psicoanalisti kleiniani che riconducono tutti i sentimenti, e quindi anche la gelosia, a un'invidia «primitiva». Ritengo che i discepoli di Melanie Klein, e di Sigmund Freud, quando vogliono estendere le loro teorie al di fuori del divano psicoanalitico, attribuiscano un'importanza eccessiva alle forme di manifestazione patologica dell'inconscio. Sono più interessato, quindi, a quelle teorie (utilizzate peraltro anche in questo libro) che analizzano i meccanismi psicologici che muovono gli eroi e le persone di successo: per esempio, la trasformazione dell'invidia in emulazione.

Alla luce delle varie correnti psicologiche, penso che la differenza fondamentale tra gelosia e invidia consista nel fatto che nella prima ci sono *tre* persone, nella seconda *due*. Il geloso teme che il rivale possa privarlo di una persona o di un oggetto che è suo, mentre l'invidioso vuole avere qualcosa che è posseduto da un altro, e il suo impulso è quello di portarglielo via o, altrimenti, di danneggiarlo.

Vorrei concludere con una nota scherzosa, sottoponendovi un piccolo test per capire se, nel rapporto di coppia, siete più gelosi o invidiosi. Rientrate a casa all'improvviso e scoprite il vostro partner in compagnia di un'altra persona e in atteggiamento compromettente: chi strozzereste dei due? È un test mentale, quindi anche i pacifisti possono rispondere, e comunque l'assoluzione è assicurata. Ebbene, il geloso assale il partner, mentre l'invidioso aggredisce il rivale, che in quel momento è più potente di lui.

XI

Gelosi, ma perché?

La gelosia è un sentimento normale in amore? Diciamo che, scrivendo questo libro, ho scoperto che la gelosia è un po' come il prezzemolo (o la cicuta...) ed è presente in tutte le grandi passioni, anche in quelle che, apparentemente, dovrebbero esserne immuni. Proviamo a rileggere, sotto questa luce, uno dei grandi miti dell'amore romantico, la storia di Tristano e Isotta, che ha ispirato a Richard Wagner la celebre opera omonima.

Tristano cresce alla corte dello zio, il re Marke di Cornovaglia. Adolescente, viene ferito da un colpo di spada avvelenata e quindi, convinto di non poter sopravvivere, s'imbarca su un veliero portando con sé la spada e un'arpa. Approda in Irlanda, dove riceve le cure della principessa Isotta e guarisce. Il re Marke lo aveva incaricato di trovare la donna della quale un uccello gli aveva portato un capello d'oro, e questa donna, ahimè, è proprio Isotta. Allora Tristano torna con lei in Cornovaglia ma, per un fatale errore, durante la navigazione i due giovani bevono il vino magico che la madre di Isotta aveva preparato per le nozze della figlia con il re. Tristano e Isotta, quindi, si innamorano, ma lui, fedele al re, gli consegnerà ugualmente la promessa sposa. I baroni di corte e il nano Frocine, però, spiano i due innamorati. Scoperta la loro relazione, il re condannerà Isotta al confino in un lebbrosario e Tristano a morte. Questa vendetta dettata dalla gelosia non si compie perché i due amanti riescono a fuggire. Solo grazie alla mediazione di un eremita, Tristano rende Isotta al re, che gli promette il perdono. Ma lei, infelice, continua a incontrarsi segretamente con Tristano. E di nuovo i baroni vegliano sulla sua fedeltà e, non per gelosia ma per invidia, tradiscono i due amanti. Tristano parte per altre avventure e, convinto che la bionda principessa irlandese non lo ami più, sposa un'altra Isotta «dalle bianche mani». Ed è qui che interviene la gelosia. Tristano, nuovamente ferito, può essere salvato solo da una pozione preparata dall'antico amore. La chiama e lei arriva su una nave dalle vele bianche, segno di speranza. La seconda Isotta, però, tormentata dalla gelosia, annuncia a Tristano, che giace a letto sofferente, che le vele sono nere. Tristano muore e la regina Isotta, disperata, abbraccia il suo corpo avvelenato e muore a sua volta.

Cosa ci racconta questa grande, tragica passione? Il dilemma tra il dovere e l'amore; e forse, come sostiene Denis de Rougemont,[1] l'attrazione verso la morte. Ma io vi vedo anche la gelosia, che fa morire Tristano e la prima Isotta.

Ho voluto iniziare questo capitolo dedicato alle motivazioni psicologiche della gelosia con una grande storia romantica proprio per dimostrare che la gelosia è strettamente collegata all'amore, e quindi dev'essere gestita, più che negata o agita. Se lasciamo da parte i grandi velieri e le pozioni magiche, e torniamo nel nostro mondo dove la gelosia «passa» attraverso i cellulari e Internet, vediamo che le pulsioni sono comunque le stesse. Oggi come allora crediamo nelle nostre illusioni romantiche; oggi come allora dobbiamo scontrarci con la gelosia, anche perché talvolta è un sentimento inevitabile.

Come dimostra la storia di Luciana, 33 anni, che mi scrive una e-mail al mio sito web per raccontarmi i suoi dubbi sentimentali. Da tre anni sta con Renato, che ha dieci anni più di lei, e che lei definisce un «uomo-arcipelago». Controllando le sue telefonate, infatti, ha scoperto che è impegnato in almeno altre quattro relazioni. Inoltre, abitano in due città diverse e lui non l'ha mai presentata alla famiglia. Luciana, a questo punto, oltre a essere insospettita e gelosa, si chiede se lui l'ami davvero. Lei vorrebbe sposarsi e avere un figlio, ma lui?

A me pare che la gelosia di Luciana sia assolutamente naturale: lei vorrebbe una coppia «normale», con una promessa di fedeltà ed esclusività, e ha proiettato su di lui i propri ideali. Renato, invece, vive bene così: da single, e con un «arcipelago» di donne. Rovesciando il punto di vista, potremmo dire che è il comportamento di Renato a causare la gelosia di Luciana, la quale però è innamorata di un uomo ideale che esiste solo nei suoi sogni, non nella realtà.

A parte questo caso di gelosia per così dire «naturale», più che giustificata, occorre rispondere alla seguente domanda: perché siamo gelosi?

Per paura dell'abbandono

L'anno scorso, un romanzo che raccontava lo shock dell'abbandono è diventato un inaspettato successo editoriale, forse anche per il linguaggio crudo e per la vividezza con cui viene descritto il dolore. È il libro di Elena Ferrante,[2] che narra la degradazione di una moglie abbandonata dal marito per una donna più giovane. Rimasta sola con i bambini, la disperazione e la gelosia sono amplificate dal senso d'abbandono, perché lei si era sempre «appoggiata» al marito, era esistita unicamente attraverso di lui.

È l'abbandono, dunque, o almeno lo spettro dell'abbandono, una delle motivazioni psicologiche della gelosia? Penso alla storia di Maria, 26 anni. Adottata da una coppia, ha un bel viso ed è minuta, seduttiva. Mi consulta per una sessualità «compulsiva», che la rende incapace di negarsi persino agli uomini che non le piacciono. Eppure, benché intrecci storie diverse e spesso parallele, è anche terribilmente gelosa. Durante la psicoterapia è emerso che il suo erotismo quasi angosciato era un antidoto alla solitudine e all'abbandono. Maria ha infatti vissuto un'infanzia difficile. È stata prima in affido, poi, dopo qualche anno passato in una famiglia a cui si era molto affezionata, il tribunale ha dichiarato che poteva essere adottata (nel frattempo la madre, tossicodipendente, era morta) e l'ha praticamente strappata alla famiglia in cui stava crescendo. Dopo alcuni mesi passati in istituto, durante i quali i genitori affidatari, disperati, avevano tentato in tutti i modi di riaverla, Maria è stata definitivamente adottata da una coppia senza figli. Quando aveva dieci anni, però, il padre adottivo, al quale era molto legata, se n'è andato di casa. Insomma, uno strappo dopo l'altro, che non ha fatto che aumentare la sua paura degli addii.

È chiaro che in Maria la sessualità serve da copertura alle angosce infantili, mentre la gelosia è legata alle paure di abbandono. Solo il percorso terapeutico potrà aiutarla a guardare in faccia i suoi timori e a imparare ad amare senza disperazione, e senza gelosia.

Per possessività

Abbiamo già analizzato quanto la possessività sia strettamente intrecciata alla gelosia retrospettiva, cioè la gelosia del passato. Spesso nasce subito, fin dal primo incontro, dalla prima cena insieme, quando ci si comincia a raccontare (anzi a ri-raccontare) tutta la propria vita, i primi amori, le delusioni, l'eventuale matrimonio fallito... Lascio la parola a uno scrittore americano, Jeffrey Eugenides:[3] «Il primo ex fidanzato è già stato evocato e presto seguiranno gli altri. Sfileranno intorno al tavolo presentando le loro carenze, raccontando i loro vizi, rivelando i loro cuori traditori». Ma del resto è la vita, la vita che porgiamo in dono, con le nostre parole, alla persona di cui ci stiamo innamorando; la vita che ci ha reso così come siamo, che ha segnato qualche ruga sul volto e nel cuore, ma che ci ha comunque reso interessanti, attraenti, desiderabili. Proprio perché abbiamo vissuto. L'individuo possessivo, però, non lo capisce, vorrebbe cancellare tutto con un colpo di spugna; vede solo il corteo di fidanzati, come tetri fantasmi intorno al tavolo dove si è seduti; vede i baci, gli abbracci, i sorrisi di quando lui non c'era. E impazzisce.

Memorabile è il racconto che ne fa Marcel Proust nel primo volume di *Alla ricerca del tempo perduto*:[4] Charles Swann è geloso del passato di Odette de Crécy, la donna che ama; le fa sempre la stessa domanda, le chiede se in passato ha avuto relazioni sentimentali con un'altra donna. Quando lei, sfinita, gli grida che forse ne ha avute due o tre, Swann si fissa questi numeri nella mente e la cosa finirà per deteriorare il suo sentimento.

Una sorprendente gelosia retrospettiva è il problema di Rolando. Ha 40 anni, è sposato da quindici e ha una vita sessuale felice, malgrado una persistente eiaculazione precoce. Sua moglie Camilla gli aveva raccontato che da adolescente aveva abortito: una storia triste, con un fidanzato che si era volatilizzato appena aveva saputo che lei era incinta; un trauma che aveva segnato la sua giovinezza. Lui l'aveva sposata, felice di fare il «papà buono» che protegge. Da allora, la loro vita si è svolta senza intoppi, con serenità. Recentemente però, insieme a un'amica che non vedeva da anni, Camilla ha rievocato i piacevoli momenti della loro adolescenza. Il che è bastato per scatenare Rolando. Finge di farla seguire da un investigatore privato, l'assilla di domande ossessionanti, finché Camilla gli racconta che in effetti, dopo il triste episodio dell'aborto, aveva intrecciato un breve legame con un marinaio. Rolando non riesce a capire che il passato della moglie non gli appartiene, e comincia a pensare che lei lo abbia sposato per sistemarsi o perché rifiutata dall'altro. Ora è sessualmente bloccato nei confronti di Camilla, alterna amore e odio, e si domanda se deve cancellare quindici anni di vita felice solo perché lei non gli ha detto tutta la verità sul proprio passato.

Quella di Rolando è una gelosia retrospettiva patologica: la riservatezza sul passato è un diritto di sua moglie, e la trasparenza totale all'interno della coppia non è necessariamente un fatto positivo, né tantomeno un obbligo. In realtà, ciò che assilla Rolando non sono le reticenze di Camilla ma un'insicurezza sulla propria virilità, che lo porta a temere ipotetici confronti con un precedente amante. Rolando conferma quest'ipotesi dicendo che fin da piccolo ha avuto dubbi rispetto alla dimensione del suo pene. È bastata la rivelazione di Camilla perché riemergesse in lui l'insicurezza.

Se talvolta la gelosia è la testimonianza di un grande amore, la possessività in tutte le sue forme (tra cui quella retrospettiva) è segno di insicurezza personale e, purtroppo, è spesso mascherata da ragioni più o meno plausibili. Non si limita ai rapporti di coppia, ma si estende alle amicizie e ai legami tra genitori e figli.

Infatti, se Rolando soffre di gelosia retrospettiva, Cornelia, al contrario, soffre di una possessività «prospettiva». Malgrado il figlio Aldo si sia finalmente sposato, continua ad andare a trovarlo, a dargli consigli non richiesti. Esercita la sua possessività tramite un potente strumento, il denaro. Il figlio e la nuora, infatti, vivono al di sopra dei loro mezzi, sicché accettano volentieri l'assegno che spesso Cornelia porge loro, in busta chiusa. In realtà, il prezzo che pagano è molto alto. Innanzitutto sono presi in ostaggio tutti i weekend dalla madre possessiva. E ogni domenica mattina si svolge un rito che rasenta la pratica incestuosa: la madre massaggia i piedi del figlio, «come gli piaceva da bambino». Quando la nuora osa protestare, oltre la minaccia di vedersi tagliare i viveri si sente dire: «Gli è sempre piaciuto e io sono sempre sua madre!». Senz'ombra di dubbio, la possessività ha molte maschere.

Ma lasciamo la parola a una gelosa, o meglio a una donna che soffre per la sua possessività. Si chiama Verdiana: «Mi ritengo abbastanza gelosa, anche se non credo di essere ossessiva; non sono arrivata al punto di impedire al mio fidanzato di guardare le altre, o di non permettergli qualche uscita con gli amici. La mia gelosia, secondo me, è egocentrica: non sopporto che altre donne possano suscitare in lui desideri o pensieri che vorrei suscitargli solo io. Non ho paura di perderlo. So che lui mi ama e che vuole restare insieme a me. Ma ciò non basta a impedirmi di essere gelosa: gelosa della sua ex fiamma, dei suoi ricordi con lei, del desiderio che ancora nutre per lei. Soprattutto sono infastidita dall'idea tormentosa che si incontrino ogni giorno al lavoro. Detesto pensare che si guardino, che scambino due chiacchiere, che provino attrazione reciproca... Il fatto che lui abbia preferito me a lei non mi evita comunque di provare queste sensazioni odiose. Per di più, sono tormentata da un fortissimo desiderio di vendetta: vorrei tanto punirla, perché so che con lui ci ha provato, spudoratamente, nonostante sapesse di me (ci conosciamo da diversi anni...). Desidererei tanto affrontarla, umiliarla, dirle quello che penso. Ma se lo facessi, comprometterei il mio rapporto con lui. Ho paura però di lasciarmi travolgere dall'istinto e commettere qualche stupido errore».

Cosa può fare Verdiana per vincere il suo tormento? Credo che debba esprimere tutta la propria gelosia con il fidanzato, raccontandogli quello che prova e non meditando qualche «vendetta» contro la sua ex. Se lui la ama davvero, troverà il modo di «accogliere» la sua gelosia, e di farla soffrire meno.

Alessandra, invece, è stata la vittima di un geloso: «Siamo stati insieme quasi quattro anni, in un rapporto che definirei morboso. Alla fine la gelosia e la sfiducia hanno avuto la meglio. Abbiamo caratteri diversi e i litigi erano continui. Lui dice di essere ancora innamorato pazzo di me e non accetta il fatto che io l'abbia lasciato. Io, invece, in questo momento di lui ricordo solo le cose brutte: le scenate, l'impulsività, i musi. Tornare con lui sarebbe un dramma. Mi sento finalmente libera, e questa sensazione mi piace da impazzire. Ho cercato di spiegarglielo, ma lui non mi capisce. Ripete che debbo dargli un'altra possibilità, ma io sento di avere il cuore freddo, come se lui non fosse mai esistito. Lui sta malissimo. Perché sono così distante, perché sono così dura nel mio rifiuto?». Semplice: credo che Alessandra abbia capito che la possessività del suo ragazzo non era amore, ma vampirismo sentimentale.

Per competizione e orgoglio

La gelosia può anche nascere da una sorta di gara, per spirito di competizione. Ho visto spesso donne sedurre un uomo, conquistarlo, per poi, una volta a letto, non sapere che farsene della loro preda. Quello che le interessava era solo la conquista, per far ingelosire un'altra donna.

Carmela, viceversa, è molto infastidita dall'atteggiamento del suo ragazzo verso il genere femminile: «È un tipo espansivo, d'accordo, ma con le ragazze, tutte le ragazze, esagera: le abbraccia, le bacia sulla guancia, le coccola, le prende in braccio. Insomma, atteggiamenti che fanno pensare che ci stia provando, o che, comunque, ci starebbe. Poi alla fine non ci prova; o, se sono loro a provarci, si tira indietro. Lo so perché me l'ha raccontato, e questo mi ha ancora più insospettito: se una donna fa delle avance così dirette, vuol dire che comunque c'è ambiguità, spazio di manovra. E questo mi ha fatto meditare. La prima volta che ci siamo baciati, è successo appunto perché sono stata io a provarci; a me sembrava che lui fosse interessato, che stesse per dichiararsi, invece mi ha detto che fino a quel momento non ci aveva proprio pensato, insomma che si era comportato come fa di solito con le ragazze (ed è vero, l'ho scoperto solo conoscendolo meglio). Oltre al fatto che vorrei tutte per me certe sue attenzioni, mi dà fastidio che si possa pensare che lui, pur stando insieme a me, faccia lo stupido con altre. So che non dovrei dar peso ai pettegolezzi, ma del resto è così facile parlar male ... Nonostante la mia gelosia, io mi fido di lui; non ho paura che mi tradisca, sono solo infastidita. Secondo lei, sono paranoica? Infine, ammetto di non credere alla possibilità di un'amicizia tra uomini e donne; c'è sempre qualcos'altro sotto, un'attrazione più o meno latente, almeno per uno dei due. E, guarda caso, il mio ragazzo ha diverse amiche donne; tutte – casualmente – belle!».

In una cosa Carmela ha ragione: l'ambiguità di un'amicizia tra uomini e donne, che comunque è più facile quando c'è una differenza d'età.

Simile alla gelosia da competizione è quella che nasce dall'orgoglio, pericolosa perché può indurre a commettere errori. Come è (quasi) successo a Giuliano, un bel ragazzo di 32 anni, ingegnere, con un lavoro importante, che vuole sposarsi, o meglio «sistemarsi». Però è molto timido, e ogni volta che cerca di corteggiare una ragazza che gli piace deve affrontare due temibili concorrenti: prima di tutto il «fantasma» del padre, un uomo affascinante e sicuro di sé, specialmente con le donne, e poi i suoi coetanei, in genere più abili, veloci nel sottrargli una «candidata» interessante. Finché conosce Giovanna. L'ha portata fuori a cena e poi in un locale dove si ritrova spesso con gli amici. Uno di questi ha invitato a ballare la ragazza, che ha chiesto il permesso a Giuliano il quale, con aria di superiorità, ha sorriso e l'ha lasciata andare. Ma era geloso e continuava a fissarla, cercando di capire se l'amico la stringeva un po' troppo. Giuliano, molto sensibile al confronto con gli altri maschi, non poteva mostrare la sua gelosia perché avrebbe fatto la figura dell'uomo debole. Questo, però, gli ha rovinato la serata. Quando Giovanna è tornata al tavolo, lui aveva perso quel minimo di verve e di scioltezza che aveva faticosamente trovato per invitarla a cena. Per fortuna la storia ha un lieto fine, perché Giovanna era davvero interessata a lui e, malgrado la suscettibilità di Giuliano, la loro relazione è riuscita a sbocciare.

Per bisogno di esclusività

Finora abbiamo parlato di possessività, ma esiste anche il bisogno di esclusività, cioè il desiderio che il partner – e ogni suo aspetto, tutto il suo mondo – ci appartenga in modo esclusivo. Un meccanismo psicologico che risulta evidente nella lettera che mi ha scritto Antonio: «Premetto che sono gay; è stato difficile capirlo, accettarlo, ma questa fase – con molte difficoltà e sensi di colpa – l'ho superata tempo fa. Poi nella mia vita è arrivato Leo. È successo tre anni fa, in un'isola delle Canarie: lui aveva 18 anni, io

25. Mi sono innamorato di lui, non esagero, in dieci minuti. Finite le vacanze, tornai a casa, ma lasciai il cuore a Tenerife. E a Leo. Ci sono tornato per tre estati di fila, ma tra noi le cose non andavano bene; diciamoci la verità, una storia a 4000 chilometri di distanza non può certo funzionare. E, finite le vacanze, ognuno faceva la propria vita. L'anno scorso, colpo di scena: mi capita l'occasione di un buon lavoro sull'isola e decido di trasferirmi. Un po' perché avevo voglia di fuggire dalla casa dei miei genitori, ancora all'oscuro della mia omosessualità, e un po' per rendermi finalmente indipendente. Leo mi accolse a braccia aperte.

«È passato un anno e stiamo ancora insieme. Dal punto di vista sessuale, le cose vanno bene, ma quello che mi preoccupa è la mia gelosia morbosa nei suoi confronti. E qualche motivo ce l'ho: mi sono reso conto di quanto il suo atteggiamento sia "leggero", di quanto ami il sesso, per usare una parola un po' fuori moda, "libertino". Ho paura di non bastargli più, ho paura che cerchi altrove nuove esperienze, anche se finora non ho alcuna prova di infedeltà da parte sua. Però c'è un fatto che mi ha turbato. Una sera lui è rimasto a guardare la televisione, mentre io, stanchissimo, sono andato a dormire. Di notte mi sono svegliato, perché avevo sete. Sono andato in cucina a bere un bicchiere d'acqua e lui era ancora lì, davanti al televisore, che si masturbava guardando un film porno. Ci fu una litigata furibonda. Mi sentii tradito, pensai di non "bastargli" più. Leo, dunque, cercava nell'autoerotismo un piacere che io non potevo dargli. Eppure, se ci penso, mi eccito. Una volta sono arrivato al punto di chiedergli di filmarsi mentre si masturbava guardando un video porno. Lei che ne pensa?

«Ma non è tutto. Come ho detto, sono molto geloso, e non accetterei mai il tradimento "fisico" del mio ragazzo, ma a volte mi capita di immaginare Leo che sta facendo sesso con un altro uomo, o con una ragazza, e mi guarda; io osservo come lo fa godere, vedo il piacere dipinto sul volto dell'altro, e trovo la scena – inspiegabilmente, almeno per me – molto eccitante. Cosa mi sta succedendo? La nostra relazione è felice, parliamo molto e fra noi c'è una buona comunicazione, anche in campo sessuale. Tuttavia, dopo aver letto il suo ultimo libro, *I nuovi comportamenti amorosi*, mi sono venuti dei dubbi. Forse Leo ha delle fantasie particolari che non mi vuol rivelare, e potrebbe tradirmi per realizzarle. Eppure – e lui lo sa, perché gliel'ho detto – non deve aver paura di confidarmele. Lui però mi ripete che non ha fantasie erotiche, e la cosa mi sembra anormale».

Penso che Antonio sia molto esclusivo nei confronti del suo compagno, al punto da voler entrare anche nel suo immaginario, nella sua sfera più intima, quella delle fantasie erotiche. Del resto, molto rivelatrici sono le stesse fantasie di Antonio: l'immagine di Leo che, pur facendo sesso con altri uomini o donne, continua a guardare lui, significa che con il «cuore» è sempre lui il «padrone».

Per paura di perdere il controllo

Gli studiosi della violenza famigliare sostengono che sono soprattutto gli uomini a farvi ricorso: schiaffi e botte servono a «riprendere il controllo», a ritornare in possesso delle redini del potere, minacciato da una compagna che si ribella, dice di no, compie tentativi di fuga verso l'indipendenza. La paura di perdere il controllo è particolarmente forte nelle personalità ossessive. E allora la gelosia può nascondere proprio questo: la perdita del controllo sulla relazione.

Penso alla storia di Alba, 38 anni. Di professione veterinaria, è separata e da qualche mese frequenta un uomo sposato. Si sono conosciuti perché lui le ha portato il cane per una visita, rimanendo ammaliato dai begli occhi della dottoressa... Alba è elettrizzata da questa nuova storia, in cui crede molto, ma quando lui non la cerca o non la chiama, le sue reazioni sono spropositate. Se a mezzanotte non gli ha ancora telefonato, o inviato un sms, non riesce a dormire e il giorno dopo lo tratta malissimo, vittima di un'ansia eccessiva. Alba si rende conto che il suo comportamento non è equilibrato. Si sono conosciuti da poco; lui è molto intrigato da lei e le ha confessato che il suo matrimonio è in crisi ormai da anni, ma ovviamente non può scioglierlo nel giro di due mesi. È una situazione delicata, e lei è pienamente consapevole del fatto che mostrarsi così ossessiva è pericoloso, eppure non riesce a trattenersi. La sua gelosia nasce dall'ossessione del controllo, ma Alba deve capire che non può essere sempre «in contatto» con lui, neppure «virtualmente», perlomeno finché è sposato con un'altra donna.

La paura di perdere il controllo può non solo indurre ansia e comportamenti violenti, ma dare origine a situazioni al limite del surreale. Mi ha sempre fatto sorridere il caso riportato dagli psicologi americani R. e M. Blod:[5] una donna aveva chiesto al marito, ogniqualvolta avesse un'avventura, di informarla per tempo, per «sapere dove poterlo rintracciare in caso di emergenza».

Per la sindrome d'esclusione

L'amore è un luogo incantato dal quale tutti temono di essere esiliati, per non ritrovarsi in quella condizione di «spettatore escluso» – secondo la felice definizione che ne dà Alain Robbe-Grillet nel romanzo *La gelosia*[6] – che può tutt'al più intravedere l'eccitazione altrui. E l'allontanamento dal mondo magico dell'infatuazione porta prima alla gelosia, quindi alla depressione.

È quello che sta capitando a Valeria, 21 anni: «Ho fatto sesso con una mia amica d'infanzia. È successo tre anni fa, ed è stato molto eccitante ed estremamente dolce. Con lei ho scoperto di essere bisessuale. Già, perché io ho un ragazzo, al quale ho raccontato quello che stava accadendo (anche perché ogni tanto io e la mia amica ci siamo riviste). Lui era molto eccitato, tanto che a volte, facendo l'amore, mi sussurrava all'orecchio che gli sarebbe piaciuto che ci fosse anche la mia amica, che non conosceva ancora. La cosa non mi turbava affatto, anzi (forse perché pensavo che questa fantasia non si potesse realizzare). Due settimane fa il mio ragazzo ha organizzato una festa e io ho deciso di invitare la mia amica, anche perché ultimamente ci eravamo viste poco. Alla fine della serata, complice l'alcol e il fatto che fossimo rimasti soli, abbiamo avuto un rapporto a tre. E la cosa si è ripetuta il giorno successivo. Il mio ragazzo e la mia amica hanno raggiunto l'orgasmo, mentre a me non è successo. Devo dire che lui ha monopolizzato la situazione ... Non sono ancora riuscita a metabolizzare l'accaduto. Mi spiego, non so ancora se è stata un'esperienza così eccitante. So solo di essere stata consenziente e di essermi divertita. La mia amica? Anche lei aveva da tempo la fantasia di un rapporto a tre. Si sente però molto in colpa per aver fatto sesso con il mio ragazzo, il quale invece ha passato due giorni in estasi, perlomeno finché non l'ho assalito con i miei dubbi e le mie angosce. Già, perché il mio ruolo è il più difficile. Le sensazioni più forti, e negative, non le ho avvertite mentre facevamo sesso, ma dopo, il pomeriggio successivo, trascorso in un parco a parlare del più e del meno. Proprio allora mi sono resa conto che la mia amica e il mio ragazzo si assomigliano tantissimo. Hanno gli stessi gusti, le stesse affinità, e ragionano quasi allo stesso modo. In quei momenti mi sono sentita un'estranea, anche se razionalmente penso che sia raro che due persone troppo simili vadano d'accordo...

«Ne ho parlato con il mio ragazzo. Lui non mi ha rassicurato, anzi dice di sentirsi in crisi e sostiene che l'unico modo per chiarirsi le idee sarebbe di incontrarsi tutti e tre, senza fare nulla di particolare, per capire se quelle energie positive derivano dalla realizzazione di un sogno o dalla vicinanza della mia "carismatica" amica. Lei intanto si dice dispiaciuta, e di questo sono certa, perché la nostra è una lunga amicizia e il suo comportamento è sempre stato corretto. Devo anche aggiungere che il mio ragazzo non ha avuto altre donne prima di me. Io sono stata la prima e, fino a due settimane fa, l'unica. Lei, bella e simpatica, è arrivata come una ventata di novità, di trasgressione. Cosa mi consiglia di fare?».

Lei, lui, l'amica di lei: una relazione intrecciata, ad alta carica trasgressiva, ed esplosiva. Che fare, adesso? Io penso che potrebbero discuterne insieme, da adulti; e parlare non di sesso, ma dei sentimenti che questa situazione ha fatto nascere. Anche di quelli negativi, di esclusione, vissuti da Valeria, che prima, nel rapporto di coppia, era vincente, ma ora, nella nuova relazione a tre, si sente messa in disparte. Come il bambino che vede i genitori felici nel lettone, mentre lui è in un cantuccio, escluso.

Senso di esclusione, possessività, competizione, orgoglio: questi sentimenti, che ho descritto separatamente, possono mescolarsi, perché la gelosia ha molte radici psicologiche, dalle più antiche e più patologiche fino ai comportamenti amorosi più sani. È importante dunque «analizzare» la gelosia, cercare di individuarne le componenti, come si fa in laboratorio con i prodotti alimentari. Per non farsene avvelenare.

XII
Cybergelosia

Anche la gelosia si è modernizzata, è diventata hi-tech, passa attraverso il computer, gli sms, gli ultimi prodigi della tecnica... Già, perché se Internet e le più recenti tecnologie ci offrono nuovi modi di comunicare, nuovi luoghi per innamorarci o dichiarare il nostro amore, creano anche nuove occasioni e nuovi motivi per essere gelosi.

Internet, innanzitutto. Un intero universo in Rete, un mondo tutto da esplorare, dove ci possiamo perdere, divertire e... mascherare. Nelle relazioni via Internet, infatti, la variabile ludica può prendere il sopravvento su quella introspettiva, giacché si può comunicare mettendo consapevolmente in atto una dinamica sostitutiva, e parlando quindi, anziché direttamente di noi stessi, di preferenze erotiche, di viaggi fatti o da fare, di oggetti amati.[1]

Nel contempo gli studi dedicati all'argomento rilevano che sono in netto aumento le dipendenze dalla Rete, e io stesso ho segnalato[2] come siano già sorti centri ed elaborate strategie per «disintossicarsi» dal web.

Il sesso si è spinto più in là del cuore, ma, come osserva Giampaolo Fabris, nonostante il proliferare di siti porno e chat erotiche, «gli affetti che appaiono banditi e fatti uscire dalla porta principale, sembrano invece rientrare, con un flusso continuo e torrenziale, da tutte le finestre».[3] E tra questi affetti compare spesso la gelosia: la paura reale o presunta che la persona amata ci preferisca qualcun altro corre anche sulle strade informatiche. I gelosi si insospettiscono se il partner passa troppo tempo al computer, se non possono controllare le e-mail o dare di nascosto un'occhiata al suo cellulare: e hanno ragione, se è vero (come è vero) che gli amanti clandestini comunicano soprattutto via sms. Basta un «messaggino» sospetto perché 2 persone su 10 si ingelosiscano a tal punto da dare inizio a vere e proprie indagini investigative, allo scopo di smascherare il coniuge traditore.

L'abitudine di affidare al proprio telefonino i segreti (e i peccati) amorosi è talmente diffusa che i «cellulari traditori» sono finiti persino sulla prima pagina del «Corriere della Sera»: l'ultimo giorno di luglio, alla vigilia del grande esodo per le vacanze, Barbara Palombelli ha scherzosamente ricordato – e ammonito – tutti i fedifraghi in partenza. Attenzione, dice, perché «mogli e mariti sospettosi approfitteranno del vostro abbiocco pomeridiano per controllare gli elenchi delle chiamate in arrivo e in partenza, regolarmente memorizzati nelle caselle apposite. E una "cancellazione elenchi chiamate" equivale a una confessione piena».[4] Anche Annamaria Bernardini De Pace, celebre avvocato divorzista, intervistata dalla giornalista, conferma: leggere la memoria del telefonino è il mezzo più sicuro per scoprire un tradimento. I più furbi, continua l'avvocato, hanno ormai un doppio cellulare, o perlomeno due sim card: una per il coniuge, l'altra per l'amante. I maschi sono in genere i più ingenui: scrivono il loro pin sull'agendina o su un foglietto che tengono nel portafoglio... Non come il vanesio – e traditore – protagonista del film francese *Regine per un giorno*,[5] che come codice segreto ha il nome di una famosa battaglia.

È servito l'ammonimento alla vigilia delle ferie d'agosto? Non molto, se poi al rientro dalle vacanze il settimanale «Panorama»[6] ha dedicato un articolo proprio alle separazioni estive, causate da un sms «galeotto». E, secondo l'agenzia investigativa Miriam Tomponzi, i cellulari sono la cartina di tornasole dell'infedeltà nell'87,2 per cento dei casi: che si tratti di sms sospetti, o della lista di telefonate in entrata e in uscita.

Cellulari pericolosi, dunque. E non solo perché permettono di scrivere, ricevere e memorizzare sms d'amore, ma anche perché sono il modo più semplice per mentire sui nostri spostamenti. Con il rischio di fare la fine di quella coppia romena che si è «scontrata» per caso sulla spiaggia di Mamaia. La signora Dragomirescu stava dicendo al marito Victor, al cellulare, che quel giorno non si sentiva troppo bene e non si sarebbe nemmeno alzata da letto. Lui, intanto, si stava lamentando che aveva un sacco di cose da fare in casa dei suoi genitori: «Figurati, sono completamente ricoperto di polvere...». Ed è in quel momento che i due coniugi bugiardi e fedifraghi si sono visti sulla spiaggia con il telefonino in mano. Pare che abbiano subito avviato le pratiche di divorzio.

Chat, ovvero com'è facile la conquista via web

Internet ha cambiato non solo la nostra vita ma anche il nostro modo di amare, come dimostrano le storie di Nicoletta e di Laura. Mi sembra però che la Rete le abbia portate ad agire in un modo che dà più angoscia che piacere.

Nicoletta, 30 anni, è sposata da quattordici anni ed è sempre stata fedele. Da un anno a questa parte, attraverso le chat ha iniziato a frequentare altri uomini. Con alcuni c'è stato solo sesso, con altri un coinvolgimento sentimentale. E non riesce a smettere: continua a chattare, a dare appuntamenti a perfetti sconosciuti, uno dopo l'altro. Insomma, è passata da un'assoluta, rigorosa fedeltà a tradire anche gli amanti. In questo periodo frequenta tre uomini, e a tutti e tre ha detto di essere innamorata. Ammette di non amare più suo marito, con il quale litiga spesso. E anche a letto la situazione è peggiorata. Lui, invece, non vuol riconoscere che il loro matrimonio è in crisi, sostenendo che non ci sono problemi. A volte Nicoletta è tentata di confessargli tutto; poi pensa che la cosa più giusta sarebbe lasciare il marito, e anche gli altri. Probabilmente Nicoletta non ama nessuno e le piace solo essere coccolata, sentirsi al centro dell'attenzione, ma questo gioco potrebbe diventare pericoloso. È debole di carattere e suscettibile, e ha bisogno d'affetto più che di erotismo, mentre gli incontri favoriti dalla chat le danno soltanto l'illusione di un legame vero.

Diverso è il caso di Laura. Ha 31 anni, è sposata e, come molte sue coetanee, senza figli. Alle spalle ha un'infanzia tormentata, una madre depressa e un padre-padrone che ha contribuito a irrigidire il nucleo famigliare. Pochi mesi prima del matrimonio sono emerse tutte le sue insicurezze e la voglia di trasgredire, al punto che ha tradito il futuro marito, forse solo per poterglielo confessare. L'anno dopo, probabilmente per vendicarsi, lui ha avuto un'avventura durante un viaggio di lavoro. All'inizio Laura l'ha presa male, poi ha cominciato a guardarlo con occhi diversi, ha riscoperto (o forse scoperto) la sua carica seduttiva, che poteva affascinare non solo lei, ma anche altre donne. Da allora la loro vita sessuale si è fatta più trasgressiva, e hanno cominciato a confidarsi le loro fantasie, anche le più audaci. Dopo circa un anno, però, Laura ha tradito di nuovo il marito, forse per vincere una sensazione di estrema solitudine dovuta alla sua lontananza per motivi di lavoro. Ancora una volta gliel'ha confessato. Lui ha reagito malissimo: è andato con una prostituta e l'ha detto alla moglie. Nel frattempo la loro politica di «glasnost coniugale», la trasparenza reciproca e totale, è proseguita: ora si confessano non solo i desideri, ma anche le tentazioni erotiche. E il gioco di coppia si fa sempre più spericolato. Ultimamente lui le ha raccontato di aver dato un appuntamento a una ragazza conosciuta in chat, di averla baciata focosamente in macchina, senza però andarci a letto, perché il suo vero obiettivo era la conquista. All'inizio Laura ne ha sofferto, ma poi si è sentita legittimata a fare la stessa cosa. Chattando, ha conosciuto due uomini che le sono piaciuti e ha voluto incontrarli. Ma è rimasta delusa: si era immaginata due tipi molto affascinanti, e quando se li è visti di fronte, in carne e ossa, ha capito che le piaceva molto di più suo marito.

In questa coppia, dunque, è come se ci fosse una miccia accesa: il bisogno continuo di trasgredire, ma senza divertimento, anzi con una punta di malinconia. In fondo è una sorta di «libertà vigilata»: sia Laura sia il marito si controllano reciprocamente, si tradiscono e lo confessano subito, hanno dei flirt, reali e virtuali, e se lo raccontano. Anche la loro gelosia, istigata e dichiarata, è una gelosia che li spinge a vendicarsi, a tradire ancora, e rientra così nel loro gioco di coppia. Credo però che il nocciolo della questione sia «l'insostenibile pesantezza della certezza». Laura e il marito amano il cambiamento, l'imprevisto, il brivido dell'ignoto, ed è per questo che si ritrovano invischiati in situazioni che li fanno sentire, ogni volta, sull'orlo del precipizio. Vogliono una coppia «certa», sicura, stabile, ma nello stesso tempo desiderano l'emozione dell'incertezza. Se Laura, come dice, vuole vivere più serenamente tutto questo, deve imparare che, nel mare, le onde di superficie coesistono con la corrente di fondo ma su livelli differenti. In lei, invece, continuità e cambiamento, certezza e incertezza sono in perenne conflitto.

Come nasce la cybergelosia

Valentina vorrebbe capire meglio cosa sta accadendo a lei e al suo ragazzo, che stanno insieme da oltre un anno. Lei ha 32 anni, lui 37, e abitano a 300 chilometri di distanza. Recentemente lei ha scoperto, in modo del tutto casuale, che lui aveva un indirizzo di posta elettronica che lei non conosceva. È riuscita ad accedervi e ha trovato, memorizzate, decine di e-mail compromettenti, prova inconfutabile di una serie di «corrispondenze amorose» con varie donne. A dire il vero, più che di «corrispondenze» si tratta di approcci, veri e propri «abbordaggi», con complimenti e doppi sensi più o meno volgari e proposte di incontri. Che però non ci sono mai stati, come si poteva arguire dal tenore delle e-mail. Sbigottita, Valentina gli chiede spiegazioni. Lui non nega, ma dice che lo fa per curiosità, per «cazzeggiare».

A questo punto Valentina mette in dubbio tutta la sua storia con lui, dice che è un ragazzo infantile, troppo «leggero». Le ha raccontato le sue storie precedenti, e lei sa che lui ha spesso tradito le fidanzate di un tempo. E se non fosse cambiato? Era appena arrivata a fidarsi di lui, dopo un anno passato insieme, e ora ha paura. Soprattutto vorrebbe sapere perché lui contatta queste ragazze via Internet, e se davvero non ne ha mai incontrata nessuna. Continua a tormentarsi: e se fosse lei a esagerare, a ingigantire un episodio banale? Tutto sommato il fidanzato, a parte l'iniziale vergogna per essere stato scoperto, non sembra dare particolare peso all'accaduto. Continua a dirle che le vuole molto bene e Valentina gli crede. Anche lei lo ama, ma non vorrebbe illudersi: dice che la fiducia è uno degli elementi base della coppia, e a questo punto non sa se può davvero fidarsi di lui. E poi c'è di mezzo la distanza, quei 300 chilometri che li separano e che pesano, anche dal punto di vista sessuale... E se fosse per quello che lui si concede delle avventure?

Valentina è molto in ansia e mi chiede un parere. Pur non avendo la sfera magica, penso che il suo fidanzato dica la verità, cioè che la ami e che non abbia mai incontrato le ragazze «abbordate» via Internet. In lui, come peraltro in molti maschi, il sesso è almeno parzialmente «sganciato» dal cuore. È come uno di quei ragazzi che la sera tardi compiono lunghi giri in auto nei viali frequentati dalle prostitute, senza mai avere alcun rapporto con loro. Il sesso, per costoro, è qualcosa su cui ridere, una miniera di barzellette sconce, di battutacce. E anche Internet è soltanto un'ulteriore opportunità per incontrare donne e conquistarle, sia pure soltanto via web. Se proprio devo dare un giudizio, mi pare che Valentina sia troppo gelosa, lui troppo infantile.

Non è detto, comunque, che sia soltanto il maschio a farsi coinvolgere e affascinare dalla Rete. Agnese, 29 anni, è un'appassionata «internauta», come Enrico, il suo fidanzato, e i due passano molto tempo a chattare. Adesso Agnese ha il sospetto che Enrico sia entrato in chat con un *nickname* femminile, e si sia «presentato» ad Agnese, quindi, sotto false spoglie, chiedendole di raccontare particolari intimi della sua vita sessuale... Quando lei si è insospettita, e ha fatto delle domande trabocchetto, la «nuova amica» non si è più fatta viva. Agnese pensa, dunque, che fosse il suo fidanzato. Questo strano incontro, vero o immaginato che fosse, l'ha però allarmata. Seguendo l'istinto, ha cominciato a frugare tra le cose di Enrico, non appena lui usciva di casa, sperando di trovare la conferma dei suoi sospetti o di riacquistare la fiducia persa. E così ha scoperto che il fidanzato incontrava regolarmente ragazze più giovani conosciute via web. Un altro mondo, un mondo parallelo, in cui Agnese ha fatto irruzione. I due si sono lasciati, tra lacrime e scenate, eppure avevano intenzione di sposarsi. Enrico non ha trovato giustificazioni plausibili e si è limitato ad accusarla di aver violato la sua privacy.

Sia Agnese sia Valentina hanno scoperto che il partner si era costruito su Internet un'altra identità: una rivelazione scioccante, che in un caso ha significato la fine della coppia.

A volte il tradimento via Internet scatena altri tradimenti, come nel caso di Pinuccia. Ha 45 anni, due bambini ancora piccoli, e ha scoperto che il marito ha avuto una breve avventura: si è visto, un paio di volte, con una ragazza conosciuta in chat, che abita in una città dove lui si reca spesso per lavoro. Lui le ha chiesto perdono, le ha giurato che era una storia da niente, che non l'aveva più rivista, ma per Pinuccia la delusione è stata cocente, perché ha sentito che era stato tradito il loro sogno d'amore. Così, profondamente amareggiata, una sera ha deciso di cedere al corteggiamento di un amico comune e ha fatto l'amore con lui. L'ha fatto un po' per ripicca e un po' per la voglia di sentirsi di nuovo bella, seducente, corteggiata. Questa storia rivela, insieme, i nuovi e i vecchi comportamenti amorosi: il «nuovo» è l'avventura e la ricerca di emozioni via Internet; il «vecchio» è la delusione, la rabbia, il tradimento consumato per vendetta.

Questa volta, però, non c'è un lieto fine. Dopo la confessione dei reciproci tradimenti, la coppia è ancora in crisi. Il marito di Pinuccia, infatti, non riesce a perdonarla perché, sostiene, il tradimento della moglie è molto più grave del suo. E vuole lasciarla.

Se lo spionaggio coniugale diventa hi-tech

Si può scoprire un tradimento via Internet seguendo l'istinto, il sospetto, il caso, ma anche servendosi dei nuovi gadget elettronici a disposizione dei «cybergelosi». Ho letto recentemente la storia di una moglie in pena, Wendy, che ha scritto alla giornalista Anouch Seydtaghia[7] di aver smascherato il marito «grazie a Spectorsoft»: dopo undici anni di matrimonio è riuscita ad avere la conferma dei suoi sospetti. Il marito, dice, è un «cyberperverso», che chiama regolarmente quattro donne e fa sesso con loro via Internet. L'ha buttato fuori casa e adesso sta divorziando.

Non si può certo dire che si tratti di un caso raro. Secondo la società di ricerca Com-Score Media Metrix, metà delle persone che hanno un flirt via Internet sono sposate, e due terzi degli avvocati americani intervistati dall'American Academy of Matrimonial Lawyers hanno dichiarato che Internet ha un ruolo importante nei processi per divorzio, sia che si tratti di un'altra persona incontrata via web, o della passione sfrenata (maschile) per i siti porno.

Il boom dei flirt via Internet, inoltre, ha creato un nuovo mercato, quello degli apparecchi di «cyberspionaggio». Si tratta, in realtà, di prodotti derivati dai software progettati per la tutela dei bambini. Leader nel settore è appunto la società Spectorsoft, il cui direttore Doug Fowler afferma di aver venduto oltre centomila dei suoi articoli di punta, Spector ed eBlaster. Una volta installati nel computer «incriminato», registrano – senza destare alcun sospetto – tutte le e-mail ricevute e inviate, fanno una copia degli indirizzari e memorizzano ogni parola scritta e l'elenco dei siti web visitati. Inoltre, eBlaster consente di «controllare» a distanza, in tempo reale, il computer della persona «sospetta». La pubblicità del software è chiara: catturiamo le sue e-mail e te le «forwardiamo» immediatamente, è lo slogan!

A questo si aggiunge poi la creatività personale. John La Sage, lasciato dalla moglie per un altro uomo incontrato in Rete, ha creato «www.chatcheaters.com», un sito per «vittime dell'infedeltà» (in realtà, una lista di trucchi e tecniche per spiare il proprio coniuge), che ospita, ovviamente, la pubblicità dei «portentosi» prodotti Spectorsoft.

Altrettanto ingegnoso Paul Seidler, 42 anni, che utilizzava il navigatore satellitare GPS per pedinare l'ex fidanzata Connie.[8] Siccome tutti i metodi tradizionali (rose, bigliettini, e-mail) per riconquistarla erano falliti, Paul ha deciso di affidarsi alla tecnologia. Ha speso 2000 dollari in un GPS, un sensore da applicare all'auto di Connie e un cellulare che captasse i segnali inviati, per poter localizzare in ogni momento la donna amata. Con una spesa mensile di 65 dollari, il telefono di Paul squillava ogni volta che l'auto di Connie si metteva in marcia. Quando lei ha deciso di rifarsi una vita e ha cominciato a uscire con altri uomini, la situazione è precipitata. Una sera, mentre lei era al ristorante per un incontro galante, Paul si è precipitato nel locale, minacciando la coppia allibita. Connie l'ha denunciato per molestie e da qui è partita l'indagine della polizia, che ha trovato il dispositivo nascosto nel radiatore dell'auto della ragazza. Paul ora rischia fino a dieci anni di carcere se tutte le accuse (effrazione, molestie, minacce) saranno confermate.

Se il geloso Paul è finito in tribunale, in compenso in America il GPS Vehicle Tracking è ormai comunemente venduto a tutti i sospettosi che vogliono trasformarsi in detective e alimentare la propria paranoia.

Nel frattempo la Spy-Labs mette in vendita, su Internet, dei diabolici telefonini-spia: all'interno hanno un microchip che permette, a comando, di ascoltare tutto ciò che accade nell'ambiente circostante. Un vero e proprio gioiello alla James Bond!

Insomma, la tecnologia al servizio dei gelosi ossessivi.

Come nel caso di Antonio, 45 anni, che decide di tendere una trappola alla moglie Elisa. Convinto che lei abbia un altro, si registra su un sito Internet da cui è possibile inviare sms predefiniti, indicando l'ora e il giorno dell'invio. Sceglie il seguente testo: «Sei sempre nei miei pensieri, ti amo ogni giorno di più, peccato che ci sia poco tempo per noi» e fa in modo che Elisa riceva il messaggio in sua presenza. Il suo ragionamento è questo: «Se non ha un amante, mi dirà che ha ricevuto per errore il messaggio, e me lo farà vedere; se invece ha qualcuno, penserà che sia lui e cancellerà il messaggio con una scusa». Quando Elisa riceve e visualizza il messaggio, pur rendendosi conto che si tratta di un errore, per evitare discussioni cancella il testo, senza dir niente ad Antonio, il quale rafforza la sua convinzione dell'infedeltà della moglie, accusandola con urla e scenate.

Del resto, quando un geloso si ostina a cercare conferma dei suoi sospetti, anche se sono assolutamente infondati, finisce quasi sempre per trovarla. L'unica cosa che invidio a queste persone è la quantità di tempo di cui dispongono per coltivare la loro gelosia.

XIII

Terapia della gelosia

La gelosia ha molte forme e per «curarle» è necessario un approccio personalizzato. In questo capitolo vorrei presentarvi le diverse soluzioni terapeutiche.

Bisogna distinguere, innanzitutto, le gelosie indotte da fatti e comportamenti reali da quelle provocate da eventi immaginari o condizionate dal passato della persona che ne soffre.

La prima considerazione da fare è che, contrariamente a quanto si possa pensare, in genere la certezza del tradimento smorza la gelosia, come peraltro aveva già intuito La Rochefoucauld: «La gelosia vive di dubbi. Diventa pazzia o cessa completamente appena passiamo dal dubbio alla certezza». Perché, quando l'infedeltà è reale, quando è dimostrata (o confessata), spesso la gelosia perde intensità e viene sostituita da altri sentimenti: rabbia, ansia o depressione. La gelosia si nutre infatti di sospetti, di fantasie, di paure, tant'è che molti investigatori privati non hanno difficoltà a dichiarare che l'ansia dei loro clienti cala quando le ipotesi del tradimento trovano conferma. Forse per questo un'agenzia investigativa inglese, The Honey Trap, non si fa molti scrupoli, e cerca «detective seducenti». Ovvero uomini e donne che, a pagamento, avvicinino il sospetto infedele e si rendano «disponibili». Come dice il nome dell'agenzia, una dolce trappola...

Talvolta il tradimento immaginario è per la gelosia un motore più potente del tradimento reale. E infatti, le persone molto seduttive eccitano il partner, oltre a renderlo geloso, mentre le personalità istrioniche (ex isteriche) fanno della seduzione e della gelosia il loro pane quotidiano. Del resto, i giornali di gossip non potrebbero vivere parlando unicamente di grandi amori, anzi a ben vedere la loro specialità sono i tradimenti, i sospetti, le gelosie... Foto «rubate», flash che sorprendono coppie clandestine o denunciate tali, solo perché sono allo stesso tavolo di un ristorante: basta un gesto, un bacio, un appuntamento, e i rotocalchi si sbizzarriscono. E non c'è come una donna bella e single per scatenare le fantasie, da Hollywood a Cinecittà. Nicole Kidman, da quando si è separata da Tom Cruise, si è vista affibbiare innumerevoli fidanzati; molti dei quali, come Jude Law, regolarmente sposati con figli. Così, oltre alle ipotesi sulla «nuova» coppia, gli amanti del gossip si possono scatenare sulle ansie della moglie tradita... Sempre seguendo il filone «anche i ricchi piangono».

Torniamo ora alle coppie «reali» e ai comportamenti che provocano gelosia. Già, perché non sono solo i seduttivi a oltranza che ci fanno star male. A volte bastano alcuni cambiamenti nel comportamento del partner a generare un sospetto, a rendere ansiosi.

È successo a Maria, 30 anni, che dopo dieci anni attraversa una brutta crisi per colpa del fidanzato Antonio. Lui è diventato freddo, distante; dice che non sa più se le vuole bene, non la cerca sessualmente, non ha più gesti affettuosi. Inoltre, tempo fa le ha chiesto un periodo di riflessione. Poi è tornato, ma senza grande entusiasmo e senza neppure un gesto carino di riavvicinamento: un regalo, un weekend... Maria, oltre che gelosa, è preoccupata: si chiede cosa stia succedendo. Ed è in ansia per il suo futuro: dopo dieci anni insieme, pensava di sposarsi e avere dei figli. E invece...

Tra le varie spiegazioni possibili, due mi sembrano le più probabili. Antonio potrebbe star attraversando un periodo di inquietudine, e di voglia di solitudine, per ragioni sue personali, non legate quindi a un'altra donna; o per un eccesso di lavoro che lo ha troppo stressato. Quando una persona è depressa, non ha più voglia di godere delle belle cose della vita, diventa pessimista e finisce per influenzare anche il matrimonio o il progetto matrimoniale, che è vissuto come un peso e come una responsabilità insostenibile. Però Antonio non mostra altri segni di depressione evidente: continua a lavorare, a uscire con gli amici, ed è quindi giocoforza immaginare che, pur negandolo, lui abbia un'altra storia sentimentale o sessuale (e questa, ovviamente, è la seconda ipotesi). Che fare, allora?

Inutile supplicarlo, o farlo confessare. Bisogna innanzitutto acquisire autonomia di pensiero e di azione. E poi, pur rimanendo nei limiti della discrezione, cercare di scoprire il segreto che Antonio tiene tenacemente nascosto. Questo farà del male a Maria, ma meglio tardi che mai... Anche per questo sarebbe importante che raccogliesse qualche informazione da amici comuni di cui si può fidare.

Autoterapia: le soluzioni personali

Non sempre è necessario chiedere un aiuto (a un amico, a uno psicologo) per affrontare la propria gelosia. Ci sono persone che sanno adottare, spontaneamente, soluzioni valide, come se avessero trovato da sole gli «antidoti» alla propria gelosia.

SPOSTARSI

Proprio così, un semplice cambiamento di luogo. Ricordo un mio compagno di golf, molto bravo, che, tradito dalla moglie proprio all'inizio di una vacanza, cambiò programma. Partì da solo: meta, un famoso golf club sulla riva di un lago, dov'era conosciuto per la sua abilità e dove, oltre a distrarsi giocando, ebbe modo di rinforzare la sua autostima. La moglie, lasciata sola, scoprì che l'amante era, a parte il sesso, piuttosto noioso: comunque, non il compagno ideale con cui dividere la vita quotidiana. Inutile, insomma. Lo lasciò e tornò, quatta quatta, dal marito.

E che dire dell'esperto velista che, nei suoi weekend in Liguria, non «riusciva» mai ad attraccare a Santa Margherita? Forse perché sapeva che lì abitava un vecchio amante della moglie, che non voleva incontrare. E aveva ragione: perché, a parte questo black-out «nautico», il suo rapporto di coppia funzionava. Lui e la moglie erano sposati da vent'anni e andavano d'accordo, a parte qualche problema di gelosia. Lei, infatti, era una donna molto seduttiva, probabilmente perché, da adolescente, era stata molto criticata dalla madre, intelligente ma glaciale, per la sua «carnalità». E quindi, ogni volta che si sentiva trascurata, ricorreva all'arma della seduzione. Lui, del resto, si era innamorato proprio di questa sua appariscente femminilità. Ingegnere di successo e in eterna competizione con il fratello, gli era sembrato che sposare questa donna bella e affascinante sarebbe stato un modo per acquisire punti. Lei però, oltre a un passato sentimentale molto «fitto», continuava ad avere parecchi corteggiatori: era per questo che lui selezionava attentamente i posti dove ormeggiare la barca.

A volte, infine, il cambiamento di luogo risulta un po' più macchinoso. Come Silvia, moglie gelosa, che fece vendere al marito la villa di Ischia perché la vicina di casa prendeva il sole nuda. Silvia aveva fatto di tutto per convincerla a rinunciare a questa abitudine, compreso un aspro litigio con il marito della bella nudista, il quale peraltro non vedeva nulla di male nel comportamento di sua moglie.

SPOSARE UNA DONNA BRUTTA, PER NON AVERE RIVALI

Si tratta di una strategia sicuramente inconsapevole, ma efficace, che finora ho visto declinata soprattutto al maschile. Capita spesso, infatti, che un uomo sposi una donna non bella, o comunque non appariscente, per non avere problemi di gelosia.

Penso alla storia di Guido, 61 anni, che ho rivisto di recente dopo trent'anni. Aveva sempre avuto un «debole» per le ragazze dai capelli rossi e si era fidanzato con un buon campionario, rimanendone peraltro, in genere, scottato. C'era quella dai molti ricci, e capricci, che non resisteva alla tentazione di flirtare, e lo faceva impazzire; la rossa «aiutata» dall'henné che se n'era andata con il suo migliore amico; una rossa-bionda, che aveva i capelli lisci e lunghi, e un ex molto insistente che la tallonava... Insomma, mi sono molto stupito quando, trent'anni dopo, ho incontrato per caso Guido in un ristorante elegante. Mi ha presentato alla donna seduta accanto a lui, spiegandomi, con un sorriso insieme orgoglioso e affettuoso, che stavano festeggiando i loro venticinque anni di matrimonio. Ebbene, la signora in questione non solo non aveva i capelli rossi (anzi, il loro colore era un castano spento, per nulla elettrizzante), ma era decisamente insignificante. Gentile, per carità, e con un sorriso mansueto, ma scialba, grassottella, con uno sguardo miope nascosto da un paio di occhiali dalla montatura fuori moda, e un naso che avrebbe suscitato l'entusiasmo di un chirurgo plastico. Eppure, Guido mi sembrava felice: dopo tante rosse traditrici, che l'avevano fatto ammalare di gelosia, aveva risolto il problema a modo suo. Sposando una donna brutta ma devota, e sicuramente non insidiata da rivali.

UN VECCHIO ANTIDOTO: FARE SUBITO MOLTI FIGLI

Mi consulta una signora di 38 anni, molto carina, madre di quattro figli. Il primo, concepito «per caso», ha affrettato le nozze; due sono stati voluti e desiderati dalla coppia in piena armonia; l'ultimo, di 3 anni, è stato «deciso» per salvare un matrimonio in crisi. Iniziamo una terapia di coppia, quindi incontro anche il marito. È un regista famoso, che riceve spesso avance più o meno esplicite dalle attrici che incontra per lavoro. Avance che lui puntualmente rifiuta, dicendosi convinto fautore della monogamia. Mi fa capire che è stato lui a «blindare» la moglie a casa con i quattro bambini, per evitarle «tentazioni». Non vuole, mi spiega, che diventi «come certe donne facili». In lui, insomma, figli e gelosia vanno di pari passo. Ma è la moglie a essere in crisi, e non perché abbia un altro uomo, ma perché vorrebbe avere più spazio per sé, e riprendere a lavorare. Sentendosi bloccata dai figli, pensa che il marito abbia una vita più bella della sua: è di questo che è gelosa, non di altre donne. È gelosa del suo tempo libero, della libertà con cui gestisce le sue giornate. E questo, da quando ha capito che è stato lui a «scrivere» le regole del loro matrimonio. È lui il regista, non solo sul set ma anche fra le pareti domestiche.

Un antidoto, in questo caso, che si è rivelato alla lunga fallimentare... Del resto le soluzioni personali, anche se a volte sono azzeccate, non sono «riproducibili», strettamente legate come sono alla personalità individuale e al condizionamento del passato di ognuno. Ecco perché, dopo le varie forme di autoterapia, descriverò alcune terapie classiche della gelosia.

I tre passi dell'approccio cognitivo-comportamentale

È fondamentale lasciar passare del tempo dopo essere stati «morsi» dalla gelosia, perché solo il tempo permette ai pensieri di prendere il posto delle emozioni. Detto questo, può essere utile seguire i tre passi dell'approccio cognitivo-comportamentale.[1]

PRIMO PASSO: OCCORRE AMMETTERE LA PROPRIA GELOSIA

Silvio, un nobile descritto da Alberto Moravia nel romanzo *Amore coniugale*,[2] ha un barbiere che si reca quotidianamente a casa sua. Un giorno sua moglie Leda gli dice che il barbiere, che è anche il suo parrucchiere, l'ha sfiorata in maniera equivoca. Silvio è seccato, ma la gelosia non gli sembra un sentimento adeguato a un uomo del suo rango. E per di più non vuole rinunciare alla comodità di avere un barbiere che lavora a domicilio... Dunque, non interviene. Qualche settimana dopo, però, scopre che il barbiere è diventato l'amante della moglie.

SECONDO PASSO: CONFESSARE LA PROPRIA GELOSIA

Esprimere la propria gelosia, senza reprimerla, è liberatorio e, al tempo stesso, è un messaggio lanciato al partner. Perché, se è innamorato e premuroso, si accorgerà che il suo comportamento ci infastidisce, ci fa soffrire, quindi smetterà; se invece è distante emotivamente, persisterà, come se niente fosse. Perciò, rivelare la propria gelosia è un test dell'autenticità del rapporto di coppia.

TERZO PASSO: RIFLETTERE SULLA PROPRIA GELOSIA

È quello che vi invito a fare in questo libro, chiedendovi se è legata a un avvenimento o in particolare a una persona, oppure se siete gelosi di carattere.

Nel primo caso, analizzate bene il vostro legame: c'è qualcosa che non va nella coppia, o è il partner che vuole rendervi gelosi? Nel secondo caso, riflettete sulle cause psicologiche della vostra gelosia (vedi capitolo XI).

Se invece siete «colpevoli» di gelosia e la coppia è importante per voi, scusatevi ma non cercate giustificazioni (mi riferisco ovviamente a una gelosia accettabile, che non sfoci mai in atti di violenza). Per alcuni sociopsicologi,[3] infatti, le giustificazioni sono molto sopravvalutate da chi le fa, mentre chi le riceve tende a sottovalutarle.

Mi ricordo di una paziente, sposata, che aveva tradito il marito in vacanza. Scoperta, per giustificarsi gli disse che «comunque» l'amante non aveva mai eiaculato in vagina. Il marito, ovviamente, non considerò questo particolare un'attenuante.

L'approccio relazionale: quanto conta la fiducia negli altri

In alcuni casi la gelosia fa parte dei meccanismi che tengono unita la coppia. Anzi, vi sono terapie sistemiche che la «consigliano»: con quest'ingiunzione paradossale, la fanno uscire allo scoperto, dall'ombra e dall'inconscio.

Penso a Patrizia, 35 anni, che perseguitava il marito con la fatidica frase «dimmi la verità». Quante persone hanno rovinato un rapporto con la sincerità! Già, perché la verità a oltranza può uccidere un amore, mentre ci sono delle bugie strategiche (non ideologiche) che possono far più bene di una verità che si butta addosso all'altro, come dell'acqua bollente. Il marito di Patrizia, Giuseppe, suo coetaneo, aveva sperimentato in passato delle «perversioni soft», cioè quelle perversioni non malefiche, che non rendono schiavi.[4] Nel suo caso, aveva fatto sesso a tre con una coppia conosciuta in vacanza. Patrizia l'ha scoperto ed è entrata in crisi, ma il punto è che da dodici anni non fanno che litigare e discutere di questo. La fiducia di Patrizia è legata alla verità che, per lei, è un valore irrinunciabile. E così, anziché sottolineare le componenti positive del loro rapporto (essere insieme da tanto tempo, per esempio), i due continuano a litigare, a causa della sua gelosia. Finché Patrizia, non riuscendo a lasciarlo ma neppure a dargli fiducia, ha cominciato ad avere delle crisi di panico. Non si sono mai separati, ma non hanno avuto figli, forse perché la verità non era abbastanza «vera» per lei. La sua gelosia possessiva ha infiltrato tutta la vita della coppia, fortunatamente – oserei dire – compensata dall'insicurezza del marito. Questa coppia è quindi andata avanti, benché senza molta felicità.

Quanto conta, dunque, la fiducia nella gelosia? Moltissimo, visto che è la nemica numero uno. Perché, come dice il proverbio, «fidarsi è bene, non fidarsi è meglio». Curiosamente, fiducia è un termine in disuso, che ha effettivamente perduto il suo significato etimologico, visto che essere affidabili significa essere credibili, e avere fiducia significa credere in qualcuno o in qualcosa. Oggi, però, i rapporti di amicizia o di lavoro sono troppo «centrati» sulla conquista – anziché sulla concessione – della fiducia.

Sono certamente numerosi i fattori che influenzano la decisione di concedere la propria fiducia in chi è disponibile ad assumere i rischi che ne derivano: l'intuito, il grado di diffidenza, le esperienze precedenti (con altri, o con la persona in questione). Ma è la perdita della fiducia in se stessi che può produrre alterazioni del comportamento affettivo. L'eccessiva sospettosità e diffidenza nei confronti degli altri può addirittura portare a sviluppare un nucleo paranoico, o accentuare la perdita dell'autostima, fino ad arrivare a gravi forme depressive. Viceversa, un'eccessiva fiducia in se stessi può sconfinare nella credulità, oppure tramutarsi in supponenza, presunzione e arroganza.

La fiducia di base, chiamata dagli psicologi «basic trust», si sviluppa a partire dalla possibilità concessa al bambino di sperimentare un senso di sicurezza e di dipendenza dalla famiglia, che sarà sostituito da una «dipendenza matura» dal partner una volta raggiunto un certo grado di emancipazione dalla famiglia stessa.

Per esempio, Antonella, 28 anni, dopo essere stata strumentalizzata da un'amica per conquistare un uomo, le ha detto che non voleva più vederla. Apparentemente non ne ha sofferto, ma questo conflitto di gelosia l'ha fatta piombare in un periodo di depressione. E, con il passare del tempo, si è trovata letteralmente sola: in effetti non rispondeva al telefono, rifiutava qualsiasi invito, finché le amiche hanno smesso di cercarla. Da quando ha messo in discussione questa visione di sé – il fatto dunque di essere una «depressa per gelosia» – ha deciso di cambiare. Ha organizzato una festa per il suo compleanno e ha chiamato le sue amiche: non solo per invitarle ma per chiedere di aiutarla nei preparativi. Tutte hanno risposto con entusiasmo. In effetti, era lei che, inconsciamente, aveva assunto una modalità di «evitamento», per non ritrovarsi nella condizione di dover sostenere un nuovo lutto.

Nei rapporti di amicizia, come in quelli sentimentali, è fondamentale assumersi l'impegno di credere nell'Altro, se non si vuol vivere nell'anticamera dell'intimità. Molti, invece, credono più nella gelosia che nell'Altro, o nell'Altra.

La strada della psicoanalisi: i bisogni nascosti

Molti libri di orientamento psicoanalitico, e molte pubblicazioni dedicate alla gelosia,[5] fanno di questo sentimento il filo d'Arianna di alcune terapie, e in fondo è vero che la gelosia è presente in tutti i trattamenti psicoanalitici, nonché nel transfert. Come tutti i sentimenti di base dell'essere umano, nasce nel nostro passato, dove forse si trova la chiave di molte gelosie attuali.

Ricordo il sogno di un mio paziente, un marito geloso e insicuro: giocava a calcio, sbagliava un tiro in porta; in quel momento arrivava un altro, prendeva il pallone e segnava. Un sogno rivelatore: il suo percorso terapeutico, infatti, si centrava sull'autostima virile, sul rapporto problematico con il fratello durante l'infanzia e l'adolescenza. Attualmente non è più geloso, ma purtroppo la sua vita è meno entusiasmante, perché anche il desiderio è diminuito.

Non è un caso. Sono molti gli uomini che non sono tanto innamorati di una donna, quanto intrigati dal piacere di conquistarla, tenerla per sé, possibilmente sottrarla a un altro. Si tratta di persone immature, che purtroppo, invece di chiedere aiuto, «organizzano» la realtà affinché i loro bisogni siano soddisfatti.

Dietro la gelosia vi sono alcuni di questi bisogni. Vediamoli, e vediamo anche come l'approccio terapeutico psicoanalitico può aiutare a soddisfarli.

IMPARARE A FARE DELLE BUONE SEPARAZIONI

Piero, 50 anni, ha appena scoperto che la sua nuova compagna ha una storia parallela. Ferito, decide di lasciarla. E mi chiede: «Come fare dei buoni incontri?». Non è la prima volta che me lo domandano. E la mia risposta è sempre la stessa: «Imparare a fare delle buone separazioni».

Con Piero è stata adottata una terapia in due tempi. Prima, aiutarlo a liberarsi di questo legame che gli «vampirizzava» il cuore e il portafoglio; e poi, aiutarlo ad abbandonare il ruolo di perdente sentimentale. Manager apprezzato di una multinazionale, è stato abbandonato, quindici anni fa, dalla moglie; in seguito, da altre due donne. Questa è la quarta compagna che gli spezza il cuore. Anche perché, nonostante la sua storia parallela, aveva molto insistito con Piero affinché intestasse a entrambi la casa che stava comprando. Gli ho dimostrato il comportamento «interessato» di questa donna, che, pur avendo un altro, voleva garantirsi, con Piero, la sicurezza economica.

Nonostante la delusione, e la decisione di lasciarla, Piero esita: ci sono voluti sei mesi per riuscire a dirle addio. È perché, alla sua età, ha paura di rimanere solo, ma anche perché ha un forte nucleo masochista, legato alla sua storia famigliare. I genitori, infatti, erano complici e alleati, pur litigando moltissimo, mentre il figlio è sempre rimasto il numero tre del triangolo edipico, incapace di far fronte alla coppia genitoriale. Piero, a cinquant'anni, non è solo un perdente, è ancora il bambino che si sente trascurato dai genitori, alla perenne ricerca di attenzioni e affetto. Ora sta facendo una psicoanalisi tradizionale, in cui gli spunti di gelosia sono utilizzati come un ponte levatoio per diventare adulto, e per lasciarsi definitivamente alle spalle il ruolo di «bambino geloso», come suo padre gli ripeteva.

La separazione, del resto, è un fattore indispensabile di ogni crescita individuale, fin dall'inizio della vita: il neonato esce dal ventre materno, poi si stacca dal seno, infine si allontana dagli adulti quando comincia a dire «no». Un'altra separazione è quella che deve ancora effettuare Piero, per superare l'Edipo.

Ma quali sono le buone separazioni? Quelle che si iscrivono in un universo dinamico, senza rotture né immobilismo. Per esempio, il dolore di una sterilità fisica può aprire a una fertilità psichica, quindi a grande creatività in altri settori della vita. E, per tornare al campo strettamente sentimentale, possiamo applicare alla gelosia il proverbio «si può perdere una battaglia e poi vincere la guerra».

Il punto è che noi associamo le separazioni al fallimento e alla sofferenza, mentre in realtà, come abbiamo detto, esse sono presenti in tutte le fasi della nostra esistenza. E se in molti casi dire addio significa rinascere, bisogna comunque elaborare il lutto della scomparsa di una condizione che ci sembrava acquisita, nonché accettare l'ansia di essere «tra due avvenimenti».

Ma, soprattutto, è importante imparare due strategie psicologiche antitetiche: saper subire, o meglio accettare, da un lato, non voler dominare e controllare tutto, dall'altro. Ed è fondamentale saper provocare la rottura anziché la gelosia. Molte persone hanno invece paura della propria aggressività, e confondono l'aggressività distruttiva con la giusta grinta che è necessaria per separarsi.

È quanto è successo a Michela, 30 anni, che mi ha raccontato la sua storia. Ha appena rotto un lungo fidanzamento, e in modo abbastanza plateale: la casa era già stata comprata (e arredata), i biglietti delle partecipazioni stampati, la lista nozze pronta. Ma è stato proprio nel vedere sul biglietto delle partecipazioni il suo nome accanto a quello del futuro marito che Michela ha capito che quello che stava per sposare non era l'uomo per lei. «All'improvviso ho avuto un lampo, un momento di lucidità: ho capito che eravamo arrivati alla soglia del matrimonio solo perché lo volevo io, perché avevo messo così tante energie nella coppia che ormai non me ne rimanevano più» dice. «Ma non solo: in un flash ho visto cosa sarebbe stata la mia vita accanto a lui. Un tormento. Già da anni decideva tutto lui: cosa fare la domenica, dove andare in vacanza. Per non parlare dei miei interessi; cinema e musica erano tutte stupidaggini, mentre i suoi, il calcio e la moto, quelle sì che erano cose importanti.» Così, il cuore di Michela ha detto basta.

In realtà, non è vero che sia successo tutto in un attimo, come pensa lei. Ci sono voluti anni per «elaborare» la separazione, perché per lei separazione voleva dire perdita. Per Michela, quindi, il processo di «defusione» è stato molto lento. Quando si è innamorati ci si fonde con il partner, al punto che i nostri sentimenti e l'oggetto d'amore fanno tutt'uno. Se però il rapporto non funziona, bisogna fare il «movimento» opposto e «riprendersi» i sentimenti che erano stati proiettati sull'altro. Altrimenti succede quello che è accaduto a Michela: è rimasta, per inerzia, insieme al fidanzato, malgrado un senso di disagio; l'ha fatto per non «perdere» i suoi sentimenti, per non sprecare tutta l'energia, le speranze e l'amore che aveva riposto in lui. Non aveva paura di rimanere sola, temeva il vuoto.

NON AVER PAURA DELLA DIPENDENZA AMOROSA

Altre persone temono la gelosia perché le priva dell'indipendenza del cuore e della mente. Hanno paura di perdere la loro autonomia, che considerano una caratteristica dell'essere adulto. Mi ricordo un politico molto noto che mi diceva con orgoglio di non essersi mai innamorato. Aveva una concezione piuttosto bassa dell'amore, perché aveva visto la carriera di un collega di partito rovinata dalla moglie, che ne aveva fatto un uomo geloso e insicuro. Lui con le donne faceva solo sesso, poiché era innamorato del potere.

RAFFORZARE L'AUTOSTIMA

Infine, molte persone gelose sono poco sicure di sé, e quindi la terapia principale riguarda l'autostima.

È il caso di Renata. Ha 31 anni, eppure se pensa alla sua età è presa dal panico, soprattutto quando si paragona a certe ventenni, così seduttive e sicure con gli uomini. È la «sindrome velina»: è gelosa di queste ragazze leggere e un po' superficiali, con la pancia perennemente scoperta, d'estate e d'inverno, molto centrate sul proprio ombelico e sull'ammirazione dei maschi. Guardandole, Roberta si è convinta che per lei la felicità di coppia rimarrà un miraggio. In realtà è graziosa e ha molte qualità interiori, ma è cresciuta in una famiglia maschilista, con due fratelli dalla forte personalità, in un ambiente in cui si pensava che se una donna non era capace di sedurre un uomo e farsi sposare, non valeva nulla. In particolare la madre era una persona all'antica, che applicava questi parametri nel valutare la figlia. Malgrado oggi il ruolo della donna non sia più legato all'uomo che la sceglie,[6] nell'inconscio di Renata tale principio continuava ad agire, attivando la sua gelosia nei confronti delle ragazze più giovani. Acquisire più sicurezza in sé, e nelle proprie capacità di seduzione, la libererà dalla «sindrome velina», rendendola capace di amare, e farsi amare.

Conclusioni

Giunti alla fine di questo lungo viaggio nella gelosia, quali conclusioni possiamo trarre? Abbiamo visto come la gelosia venga per lo più negata, come crei imbarazzo e sensi di colpa. Cioran afferma che «nella ricerca del tormento, nell'accanimento alla sofferenza, solo il geloso può competere con il martire. Eppure, si canonizza l'uno e si ridicolizza l'altro».[1]

Tuttavia, non sono solo i perdenti a essere gelosi. Mi ha molto colpito una dichiarazione di Jeanne Moreau,[2] icona del cinema francese e donna di una bellezza e di un fascino incredibili: ebbene, è stata proprio lei a dire che la gelosia è un dolore «straordinario» dell'amore.

E i giochi di questo sentimento sono spesso incrociati. Il grande poeta russo Vladimir Majakovskij[3] era oggetto della gelosia del piccolo gobbo Nikita e anche della sorella Ljuda, ma lui stesso era geloso del rivale Sergej Esenin.

Quindi la gelosia non è legata soltanto a una bassa autostima. I sociopsicologi M. Moldoveanu e N. Nohria[4] sostengono che le passioni di base – invidia, ambizione e gelosia – sfuggono non solo al controllo individuale, ma anche alla nostra cultura. E, in effetti, la nostra società sarebbe più sana se tenesse conto, oltre che dei successi, delle delusioni che complicano la vita di ciascuno di noi.

Allora, perché siamo gelosi? Dopo aver analizzato in questo libro le opinioni, gli studi, le ricerche dei grandi esperti, devo confessare di non aver trovato una risposta soddisfacente. A mio parere, la gelosia proviene dalla parte più arcaica del nostro cervello. L'abbiamo «ereditata» dai nostri antenati, poi l'abbiamo civilizzata. Ogni tanto, però, ricompare la gelosia primitiva, con il suo strascico di vergogna, di paura e di collera. Bisognerebbe dunque civilizzare ulteriormente la gelosia negli adulti, trasformare la gelosia paranoica in gelosia afrodisiaca. Sottoscrivo appieno, quindi, la già citata massima di La Rochefoucauld: «Nella gelosia c'è più egoismo che amore».

È importante che i nostri figli ricevano un'«educazione sentimentale» finché sono piccoli; dopo, è troppo tardi. E non solo per quanto riguarda la gelosia. La famiglia dia l'esempio e la scuola insegni: non solo materie tecniche, ma anche il convivere civile.

Lasciatemi però terminare questo libro, già abbastanza intriso di paure e amarezze, con una nota più leggera. E se sulla gelosia avesse ragione la scrittrice Erica Jong quando dice: «Gelosia, ovvero il tuo sospetto: di quanto *loro* si siano divertiti»?

Test sulla gelosia

Gelosi?

A cura di Diego Luparelli

Vi bolle il sangue se il vostro partner guarda qualcuno per strada o dà troppa confidenza al ristorante? O siete fiduciosi e concedete volentieri autonomia, se ne ricevete altrettanta in cambio?

Scopritelo confrontando le vostre risposte al test con la tabella punteggi a pagina 215 e leggendo, nelle due pagine seguenti, il profilo corrispondente alla somma dei punti da voi ottenuti.

1) Definiresti il tuo modo di amare:
   a - razionale
   b - possessivo
   c - fantasioso

2) Scopri che il tuo/la tua partner ha acquistato un libro o un video erotico, tu:
   a - ti preoccupi
   b - ti incuriosisci
   c - ti arrabbi

3) «Come geloso, io soffro quattro volte: perché sono geloso, perché mi rimprovero di esserlo, perché temo che la mia gelosia finisca col ferire l'altro, perché mi lascio soggiogare da una banalità: soffro di essere escluso, di essere aggressivo, di essere pazzo e di essere come tutti gli altri.» Così Roland Barthes chiude la voce gelosia nel suo *Frammenti di un discorso amoroso*, e tu soffriresti di più nell'essere:
   a - banale
   b - aggressivo
   c - escluso

4) Appena nato un amore, spendi più tempo per:
   a - parlare del presente
   b - raccontare il passato
   c - fantasticare sul futuro

5) Vorresti rivedere:
   a - Demi Moore in *Proposta indecente*
   b - Meg Ryan in *Harry ti presento Sally*
   c - Glenn Close in *Attrazione fatale*

6) Il tuo/la tua partner dichiara di averti tradito, tu:
   a - lo lasci
   b - lo perdoni
   c - lo tradisci

7) Un amico ti chiede in prestito un libro a cui tieni molto, tu:
   a - gli dici che ti serve e non glielo presti
   b - gliene regali una copia
   c - glielo presti

8) Cosa pensi della verità in amore:
   a - che vada detta sempre e comunque
   b - che qualche piccolo segreto fa bene all'amore
   c - che dipenda dal/dalla partner

9) Tra questi amori leggendari, quale ti affascina di più?
   a - Grace Kelly e il principe di Monaco
   b - Marilyn Monroe e John F. Kennedy
   c - Ulisse e Penelope

10) «Accecato» dalla gelosia, ti è capitato di:
    a - rompere un oggetto
    b - stracciare una fotografia
    c - lacerare un indumento

11) ... e di dover controllare la voglia di:
    a - fuggire
    b - farti del male
    c - fare del male

12) A una festa il tuo/la tua partner viene corteggiato/a:
    a - ne sei lusingato/a
    b - ti irrita la sfacciataggine di chi lo/la corteggia
    c - ti irrita il suo compiacersi

13) «Durante tutto il viaggio la nostalgia non si è separata da me / non dico che fosse come la mia ombra / mi stava accanto anche nel buio...» Alcuni versi di Nazim Hikmet per chiederti: di che cosa hai nostalgia quando sei in viaggio?
    a - della tua casa
    b - delle tue abitudini
    c - dei tuoi amici

14) L'attesa in amore di solito ti:
  a - inquieta
  b - irrita
  c - eccita

15) Da bambino/a eri più geloso/a:
  a - dei tuoi genitori
  b - dei tuoi amici
  c - dei tuoi giocattoli

16) Trovi la foto di un suo/sua ex in fondo a un cassetto, pensi:
  a - che forse gli interessa ancora
  b - che sia un legittimo ricordo
  c - che non si ricorderà nemmeno di averla

17) Secondo te, il tradimento:
  a - può capitare, basta che rimanga segreto
  b - spegne l'amore
  c - può dare nuova energia al rapporto di coppia

18) State guardando un film in tv, il tuo/la tua partner riceve una telefonata e va a parlare in un'altra stanza, tu:
  a - pensi che non ti voglia disturbare
  b - pensi che sia una telefonata di lavoro
  c - ti insospettisci e con una scusa lo/la raggiungi

19) Il tuo/la tua partner ti confessa che sta attraversando un momento di crisi e di non essere così sicuro/a di amarti ancora, tu:
  a - cerchi di indagare tra gli amici più intimi
  b - gli/le proponi un fine settimana romantico
  c - pensi che sia meglio lasciarlo/a solo/a e parti per un breve viaggio

20) Cesare Pavese in una pagina del suo diario, nel dicembre del 1937, scriveva: «Chi non è geloso delle mutandine della sua bella, non è innamorato». Secondo te, questa frase è:
  a - ancora attuale
  b - superata
  c - romantica e sensuale

21) Per te la gelosia è:
  a - passione
  b - paura di essere lasciato
  c - rabbia

22) Ti chiama con il nome di un suo/sua ex, tu:
a - ci ridi sopra
b - fai finta di non aver sentito
c - fai una scenata

23) Del film *Pretty Woman* ti piace di più:
a - la favola
b - la grinta di lei
c - l'anticonformismo di lui

24) L'elemento più importante per la solidità di una coppia per te dovrebbe essere:
a - la complicità
b - la parità
c - l'esclusività

25) Trovi più rilassante:
a - accarezzare un cane
b - guardare un gatto che gioca
c - osservare dei pesci variopinti in un acquario

26) Amore e gelosia, pensi che:
a - se c'è l'uno, c'è l'altra
b - si possa amare anche senza essere gelosi
c - la gelosia è una prerogativa dei grandi amori

27) Di fronte a una coppia in cui un partner è molto più giovane dell'altro ti è più spontaneo pensare:
a - che è un rapporto squilibrato
b - che è un amore interessato
c - che l'amore può superare qualsiasi differenza

28) La frequenza dei rapporti sessuali con il tuo/la tua partner diminuisce sensibilmente, cosa pensi:
a - quello che conta è la qualità
b - non mi desidera più
c - è solo un momento di stanchezza

29) «In amore vince chi fugge.» Questa affermazione secondo te è:
a - giusta
b - non può essere generalizzata
c - sbagliata

30) Ti accorgi che lui/lei spesso entra in qualche chat line:
a - gli/le regali una web cam
b - ti inventi un nickname e chatti con lui/lei
c - con una scusa porti il computer a riparare e studi le sue reazioni

Tabella punteggi

Domanda	*Risposta a*	*Risposta b*	*Risposta c*
1	1	5	3
2	3	1	5
3	1	3	5
4	1	5	3
5	3	1	5
6	5	1	3
7	5	3	1
8	5	3	1
9	3	1	5
10	1	3	5
11	1	5	3
12	1	3	5
13	5	1	3
14	5	3	1
15	3	1	5
16	5	3	1
17	1	5	3
18	1	3	5
19	5	3	1
20	5	1	3
21	3	5	1
22	1	3	5
23	5	3	1
24	3	1	5
25	3	1	5
26	3	1	5
27	3	5	1
28	1	5	3
29	3	1	5
30	1	3	5

Fino a 59 punti

RAZIONALE-SICURO/A

La gelosia non fa parte del tuo vocabolario. La consideri quasi un difetto, magari anacronistico, non riesci a comprenderla e ti è insopportabile sentirtene oggetto. Costruisci le relazioni principalmente razionalizzando e agendo. Valuti, osservi, cerchi di capire, più portato/a a giustificare che a punire. Sicuro/a di te, nel rapporto di coppia tendi a scelte decise, pratiche e soppesate. L'assenza di gelosia, però, può farti apparire come freddo/a, incapace di metterti completamente in gioco e poco interessato/a al/alla partner, che si può sentire trascurato/a, scontato/a o non amato/a. L'assenza di gelosia in amore può essere interpretata come una sottile paura di lasciarsi andare.

Da 60 a 84 punti

FIDUCIOSO/A

Per te la vita di coppia è una danza, l'amore la musica che ne armonizza i movimenti e un po' di gelosia il suo ritmo. Sicuro/a, equilibrato/a, hai un buon rapporto con le tue emozioni. Hai il coraggio di fidarti dei tuoi sentimenti e non hai la necessità di mettere alla prova e di verificare. Conosci abbastanza bene i tuoi limiti e le tue risorse. Disponibile e aperto/a, non consenti a nessuno di prevaricarti o ignorarti. La gelosia, sporadica e dosata, ti dona un piacevole tocco di umanità. Può essere una spia, un indicatore che qualcosa non va bene, oppure un afrodisiaco, quel pizzico di pepe in più. La gelosia è un demone tenace, ma senza di lei il mondo sarebbe in bianco e nero. Funzionale sì, ma stinto.

Da 85 a 109 punti

GELOSO/A

Tendi a essere molto geloso/a soprattutto, ma non solo, nel rapporto di coppia. Non sapere o non comprendere sono, per te, condizioni insostenibili. La tua tendenza a controllare te stesso/a e il/la partner può essere un impedimento al vivere le tue emozioni in libertà e alla crescita emotiva e sentimentale della coppia. La ricerca di sicurezza e di conferme si può tradurre in un tentativo di essere onnipresente e il principale – se non unico/a – interlocutore/interlocutrice importante e significativo/a. Tentativo che, paradossalmente, aumenta quel particolare senso di insicurezza e di irrequietudine tipico delle persone molto gelose, innescando spesso un circolo vizioso. Il rischio può essere che, costringendo alla fedeltà, si possano scavare le fondamenta dell'infedeltà.

Oltre i 110 punti

GELOSISSIMO/A

Gelosia per te è una parola d'ordine riguardante sia gli oggetti che le persone. Sospettoso/a, hai bisogno di verificare, sondare, spiare, controllare. Difficilmente tolleri elementi che possano modificare lo status quo. L'altro/a è la tua fonte di sofferenza e contemporaneamente tu sei il/la suo/a persecutore/persecutrice: non esiste se non in relazione a te. Hai un'idea dell'amore come precario e da conservare sotto una campana di vetro. Non credi in quello dell'altro/a, e probabilmente hai qualche dubbio sul valore del tuo. La gelosia può diventare un'idea che invade la tua mente e non lascia spazio ad altri pensieri. Uno stile di vita. Più regole imponi, meno gente le seguirà. Più oggetti possiedi, meno ti sentirai sicuro/a.

* * *

Abbiamo sottoposto questo test sulla gelosia, inserito all'interno del sito www.willypasini.it, a un campione di 517 soggetti.

Il 72 per cento del campione era costituito da donne con un'età media di 31 anni, il 28 per cento da uomini con un'età media di 32 anni. La media del punteggio ottenuto è stata 89,3 (indipendentemente dal sesso di appartenenza).

In modo particolare gli uomini (146) hanno ottenuto un punteggio medio pari a 86,88. Le donne (371) hanno ottenuto un punteggio medio pari a 90,38, dimostrandosi un po' più gelose degli uomini.

Soltanto il 3 per cento del campione ha ottenuto un punteggio medio superiore a 109, rivelando un profilo «patologico».

Infine, il 3 per cento del campione ha ottenuto un punteggio medio di 45,44, mostrando un'attitudine razionale e sicura.

Sulla base delle risposte di questo campione si può evincere che oltre il 90 per cento degli italiani sono gelosi, anche se non patologici. Quasi tutti, sebbene più le donne degli uomini, sono stati morsi almeno una volta dalla gelosia.

Note

Introduzione

[1] «Cosmopolitan», ed. francese, luglio 2000.
[2] V. D'Urso, *Otello e la mela*, Roma, La Nuova Italia Scientifica, 1995.
[3] «Il Messaggero», 23 dicembre 2002.
[4] Sondaggio di R. Mannheimer, citato nella trasmissione televisiva «Porta a porta» del 27 febbraio 2003.
[5] I Forum di Atlantide (http://comatlantide.virgilio.it/coma/cgi-bin/bacheche/B0soma/list).
[6] L. Jyl, *Les jalouses et les jaloux*, Paris, Le Rocher, 1999.

I. *L'alba della gelosia*

[1] A. Carotenuto, in «Corriere della Salute», 16 febbraio 2003.
[2] R. Simone, in «D la Repubblica delle Donne».
[3] P. Schellenbaum, *La ferita dei non amati*, trad. it. Como, Red, 1991.
[4] bell hooks, *Tutto sull'amore*, trad. it. Milano, Feltrinelli, 2003.
[5] *Tanguy*, di Étienne Chatiliez, Francia 2001.
[6] S. Rapetti, in «Femina», 2002.
[7] D. Lachaud, *Jalousies*, Paris, Denoël, 1998.
[8] P. van Sommers, *La gelosia*, trad. it. Roma-Bari, Laterza, 1991.
[9] V. Rounding, *Grandes Horizontales*, London, Bloomsbury, 2003.
[10] F. de Singly, *Libres ensembles*, Paris, Nathan, 2000.

II. *Le origini biologiche e culturali della gelosia*

[1] D. Marazziti, *La natura dell'amore*, Milano, Rizzoli, 2002.
[2] N. Salvalaggio, in «Oggi», 12, 19 marzo 2003.
[3] V. Volterra, conferenza tenuta alla Società Italiana di Psicopatologia, Roma, 2 marzo 2003.
[4] D. Geary, in «Human Nature», 12, 4, 2001, pp. 299-320.
[5] P. van Sommers, *op. cit.*, p. 94.
[6] D.M. Buss, *The Evolution of Desire: Strategies of Human Mating*, New York, Basic Books, 1994.
[7] R. Cramer, in «Current Psychology», 20, 4, 2001, pp. 327-336.

[8] R. Pietrzak, *Sex differences in human jealousy*, in «Evolution and Human Behavior», 23, 2, 2002, pp. 83-94.

[9] P. García Leiva, L. Gómez Jacinto e J. Canto Ortiz, *Reacción de celos ante una infidelidad: Diferencias entre hombres y mujeres y características del rival*, in «Psicothema», 13, 4, 2001, pp. 611-616.

[10] C. Harris e N. Christenfeld, *Sexual and romantic jealousy in heterosexual and homosexual adults*, in «Psychological Science», 13, 1, 2002, pp. 7-12.

[11] V. D'Urso, *op. cit.*

[12] «La Repubblica», 14 ottobre 2002.

[13] C. André e F. Lelord, *La forza delle emozioni*, trad. it. Milano, Corbaccio, 2002.

[14] D. Geary, *Sexual jealousy as facultative trait: evidence from the pattern of sex differences in adult from China and the United States*, in «Ethology and Sociobiology», 1995, 16, pp. 355-383.

[15] M. Daly, M. Wilson e S. Whegorst, *Male sexual jealousy*, in «Ethology and Sociobiology», 3, 1992, pp. 1-27.

[16] *Malèna*, di Giuseppe Tornatore, Italia 2000.

[17] J.K. Campbell, *Honor, Family, and Patronage*, Oxford, Clarendon Press, 1964.

[18] W. Pasini, *L'autostima*, Milano, Mondadori, 2001.

[19] W. Pasini, *I nuovi comportamenti amorosi*, Milano, Mondadori, 2002.

III. *Gelosia al femminile*

[1] D.M. Buss, *op. cit.*

[2] P. Salovey (a cura di), *The Psychology of Jealousy and Envy*, New York, Guilford Press, 1991.

[3] C. Harris e N. Christenfeld, *op. cit.*

[4] C. André e F. Lelord, *op. cit.*

[5] W. Pasini, *Il cibo e l'amore*, Milano, Mondadori, 1994, p. 115.

[6] H. Lerner, *La danza della rabbia*, trad. it. Milano, Tea, 2002.

[7] L. Laurenzi, *Infedeli*, Milano, Rizzoli, 2002.

[8] *Il club delle prime mogli*, di Hugh Wilson, Usa 1996.

[9] «Gazzetta di Mantova», 6 febbraio 2003.

[10] «Il Giorno», 15 maggio 2003.

[11] *Gelosia, brucia l'amante del marito*, in «la Repubblica», 27 agosto 2003.

IV. *Gelosia al maschile*

[1] Sondaggio Klaus Davi, 2002.

[2] *Mia moglie è un'attrice*, di Yvan Attal, Francia 2002.

[3] *Baciate chi vi pare*, di Michel Blanc, Francia 2002.

[4] M. Füst, *La storia di mia moglie*, trad. it. Milano, Adelphi, 2003.

[5] P. Roth, *L'animale morente*, trad. it. Torino, Einaudi, 2002.

[6] L. Ariosto, *Orlando furioso*, c. XLII, v. 100.

[7] P. Mollon, *Shame and Jealousy. The Hidden Turmoils*, London & New York, Karnac Books, 2002; D. Lachaud, *Jalousies*, Paris, Denoël, 1998.

[8] S. Freud, *Alcuni meccanismi nevrotici nella gelosia, paranoia e omosessualità*, in *Opere di Sigmund Freud*, vol. IX, Torino, Bollati Boringhieri, 1977.
[9] D. Grossmann, *Follia*, trad. it. in *Col corpo capisco*, Milano, Mondadori, 2003.
[10] *Grossmann: l'estremista dei sentimenti*, in «Grazia», 38, 23 settembre 2003.
[11] *Scene da un matrimonio*, di Ingmar Bergman, Svezia 1973.
[12] P. Mollon, *op. cit.*, p. 90.
[13] R. Battaglia, *Ho incontrato la vita in un filo d'erba*, Milano, Rizzoli, 1996.

V. *Infedeltà e gelosie nella coppia*

[1] G. Giordani, in «Arena», 22 gennaio 2003.
[2] Sondaggio riportato dall'articolo *Caro divorzio*, in «Io donna», 2 agosto 2003.
[3] «Grazia», 30, 29 luglio 2003.
[4] R. Ford, *Infiniti peccati*, trad. it. Milano, Feltrinelli, 2002.
[5] L. Laurenzi, *op. cit.*
[6] D. Barash e J. Lipton, *Il mito della monogamia*, trad. it. Milano, Raffaello Cortina, 2002.
[7] F. Pittman, *Bugie private. L'infedeltà e il tradimento dell'intimità*, trad. it. Roma, Astrolabio, 1991.
[8] F. Alberoni, *Del capriccio che spinge all'avventura*, in «Corriere della Sera», 10 febbraio 2003.
[9] M. Kirshenbaum, *Too Good to Leave, Too Bad to Stay*, New York, Plume, 1996.
[10] V. Strada, in «Corriere della Sera», 1° agosto 2001.
[11] G. Bachelard, *L'intuizione dell'istante. La psicoanalisi del fuoco*, trad. it. Bari, Dedalo, 1993.
[12] J. Updike, *Coppie*, trad. it. Parma, Guanda, 2002.
[13] W. Pasini, *Intimità. Al di là dell'amore e del sesso*, Milano, Mondadori, 1990.
[14] A. Beck, *L'amore non basta: come risolvere i problemi del rapporto di coppia con la terapia cognitiva*, trad. it. Roma, Astrolabio, 1990.
[15] In F. Caviglia (a cura di), *Valori degli italiani: un percorso intorno alla famiglia* (www.hum.au.dk/romansk/romfrc/papers/carta_completo.pdf).

VI. *Gelosia afrodisiaca*

[1] F. Algarotti, *Pensieri diversi*, Milano, Franco Angeli, 1987.
[2] S. Freud, *op. cit.*, p. 367.
[3] Stendhal, *Il rosso e il nero*, trad. it. Torino, Einaudi, 1976.
[4] A. Jardin, *Le Zèbre*, Paris, France Loisirs, 1988.
[5] *Eyes Wide Shut*, di Stanley Kubrick, Usa-Gran Bretagna 1999.
[6] C. André e F. Lelord, *op. cit.*
[7] M. Kundera, *L'insostenibile leggerezza dell'essere*, trad. it. Milano, Adelphi, 1985.
[8] H. de Balzac, *Piccole miserie della vita coniugale*, trad. it. Milano, Rizzoli, 1956.

VII. *Gelosia patologica*

[1] F. de La Rochefoucauld, *Massime*, trad. it. Milano, Rizzoli, 1992, p. 121.
[2] *Coastlines*, di Victor Nunez, Usa 2002.
[3] *Toro scatenato*, di Martin Scorsese, Usa 1980.
[4] *L'inferno*, di Claude Chabrol, Francia 1994.
[5] F. Dostoevskij, *I fratelli Karamazov*, trad. it. Torino, Einaudi, 1948, p. 29.
[6] D. Lagache, *La jalousie amoureuse*, Paris, PUF, 1947, p. 53.
[7] *Dramma della gelosia: tutti i particolari in cronaca*, di Ettore Scola, Italia 1970.

VIII. *Gelosia criminale*

[1] «La Repubblica», 29 gennaio 2003.
[2] A.L. Zarro, prefazione a W. Shakespeare, *Otello*, trad. it. Milano, Mondadori, 1992.
[3] «Corriere della Sera», 18 novembre 2002.
[4] «La Repubblica», 16 ottobre 2002; «Corriere della Sera», 16 ottobre 2002.
[5] Ansa, 2 aprile 2003.
[6] «Il Giorno», 1° marzo 2003.
[7] «La Nazione», 8 marzo 2003.
[8] «D di Repubblica», 11 gennaio 2003.
[9] «Il Giornale», 19 settembre 2001.
[10] C. Tani, *Amori crudeli*, Milano, Mondadori, 2003.
[11] «La Repubblica», 25 marzo 2003.

IX. *Gelosie non sentimentali*

[1] L. Abraham, *Daddy dearest*, in C. Hanauer (a cura di), *The Bitch in the House*, New York, Harper Collins, 2002.
[2] M. Klein, *Invidia e gratitudine*, trad. it. Firenze, Martinelli, 1969.
[3] A. Salvo, *Madri e figlie*, Milano, Mondadori, 2003.
[4] V. Codeluppi (www.dweb.repubblica.it.archivio.jsp).
[5] V. D'Urso e R. Trentin, *Sillabario delle emozioni*, Milano, Giuffrè, 1992.

X. *Gelosia e invidia*

[1] W. Pasini, *Volersi bene, volersi male*, Milano, Mondadori, 1993.
[2] B. Cyrulnik, *Sous le signe du lien*, Paris, Hachette, 1989.
[3] N. Friday, *Gelosia*, trad. it. Milano, Mondadori, 1986.
[4] L.B. Campbell, *Shakespeare's Tragic Heroes: Slaves of Passion*, New York, Peter Smith Pub, 1973.
[5] C. Castelfranchi, M. Miceli e D. Parisi, *Invidia*, in C. Castelfranchi (a cura di), *Che figura! Emozioni e immagine sociale*, Bologna, il Mulino, 1988.
[6] V. D'Urso, *op. cit.*
[7] N. Friday, *op. cit.*, p. 148.
[8] M. Klein, *op. cit.*

[9] V. D'Urso, *op. cit.*
[10] W. Pasini, *L'autostima*, cit.
[11] P. Salovey e J. Rodin, *The heart of jealousy*, in «Psychology Today», settembre 1985, pp. 22-29.

XI. *Gelosi, ma perché?*

[1] D. de Rougemont, *L'amore e l'Occidente*, trad. it. Milano, Rizzoli, 1977.
[2] E. Ferrante, *I giorni dell'abbandono*, Roma, e/o, 2002.
[3] J. Eugenides, *Middlesex*, trad. it. Milano, Mondadori, 2003.
[4] M. Proust, *Dalla parte di Swann*, trad. it. Milano, Mondadori, 1986.
[5] Cfr. G. Clanton e L.G. Smith, *Jealousy*, New York, Prentice-Hall, 1977, cap. XIX.
[6] A. Robbe-Grillet, *La gelosia*, trad. it. Torino, Einaudi, 1998.

XII. *Cybergelosia*

[1] R. De Rosa, *Folie à deux: incontrarsi in rete*, in G. Fabris (a cura di), *Amore e sesso al tempo di Internet*, Milano, Franco Angeli, 2001.
[2] W. Pasini, *I nuovi comportamenti amorosi*, cit., in particolare cap. VI («Eros al computer»).
[3] G. Fabris (a cura di), *op. cit.*, p. 23.
[4] B. Palombelli, *Telefonini e amori*, in «Corriere della Sera», 31 luglio 2003.
[5] *Regine per un giorno*, di Marion Vernoux, Francia 2001.
[6] M. Boerci e A. Piperno, *Corna telefoniche. Colpa degli sms*, in «Panorama», 11 settembre 2003.
[7] «Le Temps», 11 agosto 2003.
[8] «Corriere della Sera», 11 febbraio 2003.

XIII. *Terapia della gelosia*

[1] C. André e F. Lelord, *op. cit.*
[2] A. Moravia, *Amore coniugale*, Milano, Bompiani, 1983[2].
[3] R.B. Hupka, J. Jung e K. Silverthon, *Perceveid acceptability of apologies*, in «Journal of Social Behavior and Personality», 2, 1987, pp. 303-313.
[4] W. Pasini, *I nuovi comportamenti amorosi*, cit.
[5] «La jalousie», 6, 1996; D. Lachaud, *op. cit.*; P. Mollon, *op. cit.*
[6] W. Pasini, *L'autostima*, cit.

Conclusioni

[1] E.M. Cioran, *Sillogismi dell'amarezza*, trad. it. Milano, Adelphi, 1993, p. 93.
[2] M. Chapsal, *La jalousie*, Paris, Fayard, 1984.
[3] B. Alberti, *Gelosa di Majakovskij*, Padova, Marsilio, 2002.
[4] M.C. Moldoveanu e N. Nohria, *Master Passion: Emotion, Narrative and the Development of Culture*, Cambridge, MIT Press, 2002.

willy pasini

in Oscar Bestsellers

A CHE COSA SERVE LA COPPIA

Un'originale analisi che esplora il territorio affascinante e misterioso del rapporto tra uomo e donna: vicissitudini, problemi, percorsi che distinguono la coppia sana da quella malata, i comportamenti che aiutano e quelli pericolosi, le terapie per chi è entrato in crisi... Un'indagine seria e completa, basata su numerose storie vere.

(n. 739), pp. 296, cod. 442305, € 8,40

L'AUTOSTIMA

Grazie all'analisi di numerosi casi clinici Pasini ci aiuta a capire meglio cosa sia davvero l'autostima: come nasce, da quali persone e situazioni viene influenzata, quanto pesano i fattori esterni e quanto quelli interni nella costruzione di questo sentimento così importante per la nostra felicità.

(n. 1218), pp. 250, cod. 450152, € 8,40

IL CIBO E L'AMORE

Con il consueto connubio di affabilità e rigore scientifico Pasini esplora il legame strettissimo che unisce gola e lussuria, da sempre insieme in cima alla classifica dei peccati della carne. Osserva cibo ed eros dai punti di vista più vari, spiegandoci i motivi delle nostre propensioni e ripugnanze alimentari e sessuali.

(n. 624), pp. 264, cod. 440508, € 7,40

DESIDERARE IL DESIDERIO

Nella nostra società stressata e depressa cosa si può fare per recuperare lo slancio vitale dell'eros e ritrovare il brivido della passione? In questo volume Pasini ci guida nell'universo misterioso del desiderio, alla scoperta dei suoi nemici ma anche dei suoi complici. Perché il desiderio non scompare mai. Al massimo, è nascosto o addormentato.

(n. 969), pp. 274, cod. 446485, € 8,40

INTIMITÀ

Cos'è l'intimità? Una debolezza o un privilegio? Come nasce, come si difende, come può evolvere o appassire? La risposta a queste e altre domande su un "oggetto" tanto interessante quanto controverso ci viene fornita anche grazie a una galleria di concreti casi umani che, più di qualsiasi astratta teoria, ci illuminano sull'importanza dell'intimità.

(n. 475), pp. 258, cod. 439854, € 7,40

LA QUALITÀ DEI SENTIMENTI

Cosa sono la fiducia, la seduzione, la tenerezza, l'erotismo, la menzogna, l'attrazione? Willy Pasini approfondisce la riflessione sul mondo dei sentimenti, mostrandoci i conflitti, i desideri, le paure, i sogni della nostra vita emotiva quotidiana, con il loro fascino e la loro ambiguità. Un libro per conoscerci meglio e per vivere in armonia con noi stessi.

(n. 573), pp. 272, cod. 440313, € 8,40

I TEMPI DEL CUORE

Nel campo dell'eros come in ogni altro momento della vita bisogna saper distinguere tra una fretta "buona" (la rapidità di intuito) e una fretta "cattiva" (la frenesia che ci rende schiavi del tempo). Come fare? Ce lo spiega questo libro, che ci aiuta a capire quando è il momento, nell'amore e nella vita, di rallentare o accelerare.

(n. 830), pp. 248, cod. 444249, € 7,80

LA VITA È SEMPLICE

Un capo collerico e tiranno, un'amica lamentosa, un collega troppo ansioso: tutti abbiamo a che fare ogni giorno con personalità più o meno difficili, che influenzano la vita di chi sta loro intorno. Questo volume ci insegna a reagire per evitare il "contagio negativo", riuscendo a vivere in modo semplice e soddisfacente.

(n. 1012), pp. 218, cod. 447214, € 8,40

VOLERSI BENE, VOLERSI MALE

Sentimento umano difficile da definire, la cattiveria è il lato oscuro delle emozioni. Willy Pasini ne analizza in questo volume tutte le sfumature: dal pettegolezzo malevolo alle piccole molestie fino ai grandi crimini contro l'umanità. Per arrivare alla sorprendente conclusione che la malvagità è parte integrante dell'animo umano.

(n. 555), pp. 248, cod. 440033, € 7,40

con Donata Francescato

IL CORAGGIO DI CAMBIARE

Venti proposte per il terzo millennio: per cambiare dentro e fuori, rivoluzionando la nostra autocoscienza e il rapporto con gli altri. Una guida accattivante e intelligente che ci aiuta ad affrontare e gestire i cambiamenti travolgenti di questi ultimi anni, fino a diventare pienamente consapevoli dei nostri sentimenti.

(n. 1108), pp. 294, cod. 448509, € 8,40

I NUOVI COMPORTAMENTI AMOROSI

Quanto è cambiato l'immaginario erotico della coppia italiana? Qual è il limite tra trasgressione e ossessione? A queste e a tante altre domande risponde Willy Pasini in questo saggio che coniuga sapientemente argomentazioni teoriche, casi clinici ed esperienze di vita vissuta.

(n. 1391), pp. 252, cod. 452397, € 8,40

«Gelosia»
di Willy Pasini
Oscar bestsellers
Arnoldo Mondadori Editore

Questo volume è stato stampato
presso Mondadori Printing S.p.A.
Stabilimento NSM - Cles (TN)
Stampato in Italia - Printed in Italy